Märchen-Karten



param

Günter Kieser

# Märchen-Karten

*mit Vorschlägen zur Verwendung im Einzelgespräch und in Gruppen*

in Zusammenarbeit mit Xenia Busam
Illustrationen von Natalie Meenen

param

Bibliografische Information der Deutschen Nationalbibliothek

Die Deutsche Nationalbibliothek verzeichnet diese Publikation
in der Deutschen Nationalbibliografie;
detaillierte bibliografische Daten sind im Internet über
http://dnb.d-nb.de abrufbar.



*Umschlagfoto* Günter Kieser
*Illustration der Märchen-Karten* Nataly Meenen
*Fotos auf den Märchen-Karten* Günter Kieser
*Gesamtgestaltung* ComGraphiX, Ahlerstedt
*Herstellung des Begleitbuchs* Finidr, Cesky Tesin
*Herstellung der Karten* ASS, Altenburg

ISBN 978-3-88755-**406**-4

www.param-verlag.de

| G | F | E | D | C | B | A | |
|---|---|---|---|---|---|---|---|
| 20<br>Adler | 24<br>Uhu | 37<br>Schlüs<br>sel | 3<br>Der<br>Alte | 41<br>Ring | 25<br>Fuchs | 21<br>Drache | 7 |
| 31<br>7<br>Raben | 36<br>Turm | 33<br>Buch | 7<br>Zau<br>berer | 34<br>Zauber<br>stab | 39<br>Schatz<br>truhe | 26<br>Hahn | 6 |
| 38<br>7-Meilen<br>Stiefel | 16<br>Gold/<br>Pech-<br>Marie | 10<br>Jäger | 4<br>König | 11<br>Stern<br>taler | 15<br>Fee | 40<br>Rose | 5 |
| 19<br>Reh | 8<br>Tier<br>bräuti<br>gam | 2<br>Prinz | | 1<br>Prin<br>zessin | 9<br>Eisprin<br>zessin | 48<br>Back<br>ofen | 4 |
| 46<br>Spiegel | 17<br>Riesen | 13<br>Rumpel<br>stilz<br>chen | 5<br>Königin | 12<br>Rot<br>käpp<br>chen | 14<br>7<br>Zwerge | 44<br>3<br>Haare | 3 |
| 30<br>Perlmutt<br>butt | 45<br>Brunnen | 35<br>Gürtel | 6<br>Hexe | 32<br>Pilze | 42<br>Fisch<br>garn | 27<br>Gold<br>esel | 2 |
| 23<br>Schlange | 29<br>Unke | 47<br>Tarn<br>kappe | 18<br>Der<br>Schatten | 43<br>3 Bluts<br>tropfen | 28<br>Wolf | 22<br>Ratten<br>könig | 1 |

0 Da[s] Kind — 49 Der Apfelbaum

param

# Die Bildsprache der Seele

**Märchen-Symbole* sind wesentlich** archetypisch. Sie bilden das naturweise Wissen des archaischen Menschen und bieten uns einen Grundwortschatz der Bildsprache der Seele (in unserem Kulturkreis). So vielschichtig aufgeladen und originell sind sie, dass sie in Jedem etwas ansprechen und doch in Jedem und durch Jeden anders erscheinen. Die Metapher Facette ist an dieser Stelle beliebt.

Märchen-Symbole sind Töne einer Melodien, die immer wieder neu komponiert die immer gleiche Geschichte vom Leben erzählt. Erzählt und immer wiedererzählt über Generationen und Epochen haben sich Motive herausgearbeitet und sind zu dem einzigartigen kulturellen Schatz von Zauber- und anderen Märchen geworden, den uns die Brüder Grimm durch ihre Sammlung, Gott lob, bewahrt haben.

Märchen sind universelle Psychogramme. Sie erzählen von den Geheimnissen der Seele, von den Abgründen der Psyche, den Höhenflügen des Geistes. Sie erzählen von einer Welt, in der alles, was sich bewegt und verändert, als lebendig betrachtet wird und deshalb einen Namen bekommt, Tiere sowieso, aber auch Pflanzen und Mineralien, Berge und Flüsse, Werkzeuge und Waffen. Sie heißt im Märchen »lebendige« Kohle, weil sie sich bewegt und verändert und verglüht. In der archaischen Welt ist alles beseelt und deshalb kann die Seele mit allem kommunizieren. Berührung ist das Zauberwort, die zarte Blüte zu öffnen, die sich so sehr nach Sonne sehnt.

Märchen haben diese Kraft. Sie berühren sehr tief in unserer Seele etwas, dort, wo sie kollektiv wird. Märchen sind keine heimeliglaunigen Wellness-Geschichtchen, Märchen berichten vom Leben inwendig in uns, wie es ist, rücken in uns zurecht, was in den klotzmateriellen Alltag entrückt ist. Unsere Märchen sind die Sammlung unserer kollektiven Träume, Wunschträume wie Albträume. Und wie

*Der Begriff Symbol ist vollmundig, deshalb nehme ich ihn her, wissend, dass es Zeichen gibt, die durch eine Eigenschaft hervorragen, die sie berechtigt, mit dem Begriff Symbol gekrönt zu werden, wie Shulamith Kreitler in ihrer Arbeit »Symbolschöpfung und Symbolerfassung« (München/Basel 1965) empirisch belegt hat. Die Bedeutungsträger im Märchen haben danach nur bedingt Symbol-Status. Richtiger wäre also, zurückhaltend von Märchen-Zeichen zu sprechen. Nur, so redet ja niemand.

Träume dienen sie dazu, seelische Lasten und Schmerzen abzuführen, zu entlassen. Uns zu entlasten. Dieser Möglichkeit sollte man sich – und seine Kinder – nicht berauben. Und seine Klienten erst recht nicht.

Der Held im Märchen kann die unlösbaren Aufgaben lösen, weil er sich der Seele öffnet. Reinen Herzens bekommt er auf seinem Weg durch die Unterwelt (Zauberwald) überirdische Hilfe, zum Beispiel durch sprechende Tiere oder ihm fallen magische Gegenstände zu. Der zynische Intellekt mag das kitschig schimpfen und sich dabei *cool* fühlen, wie es heute *en vogue* ist, doch woher kommt ein Harry-Potter-Hype? Es ist der Hunger und die Sehnsucht nach Bildern für die Seele aus dem Reich der Seele, weil wir wissen, dass wir mehr sind als Fleisch und Knochen, sondern Wesen, geistige, spirituelle Wesen. Und im Märchen bewegt sich ein geistige Wesen durch eine geistige Welt, ordnet seine Angelegenheit in jener Welt und kommen in diese zurück, wo sich die seelisch geschaffene Ordnung dann weltlich, »fleischlich« ausdrückt. An anderer Stelle heißt das schamanische Reise, Heldenreise, zweite Geburt oder Gang durch die Unterwelt.

Die Bilder unserer Märchen sind die Sprache unserer Seele. In ihrer »anderen Wirklichkeit« können wir zum Ausdruck bringen und nacherleben, was wir in der Alltagswelt oder »alltäglichen Wirklichkeit« unter den Teppich unseres Bewusstseins kehren, weil wir mit irgendetwas nicht zurecht kommen, meist mit uns selbst.

Doch Märchen-Symbole helfen uns nicht nur, uns die vierte Dimension zu eröffnen und uns selbst quasi von außen zu betrachten, was ja Selbst-Bewusstsein bedeutet und Voraussetzung ist, sich in andere und anderes hineinversetzen zu können. Mehr noch zeigen Märchen immer, wie das Ausgangsproblem, die sogenannte Notsituation, gelöst wird. Mit ihr beginnt die Heldenreise: »Und einmal, als große Teuerung ins Land kam...«[1] Märchen bieten Bühne und Sprachraum für laterale Strategien, doch die Einsatzmöglichkeiten der Märchen-Karten gehen darüber hinaus. In der Märchen-Rhetorik sind elementare Methoden der Hypnotherapie nachweisbar.[2] In die Gestaltungen der Märchen-Karten sind neben den semiotischen auch hypnotherapeutische Überlegungen ein-

[1]Grimm: Kinder- und Hausmärchen. Nr. 15 [2]Günter Kieser, Felix von Bonin Heiltrance für Kinder. Rat für Eltern, Erzieher und Therapeuten. Ahlerstedt 2005

geflossen. Die märchenhafte Bildwelt ist eine wunderbare Kulisse für trancetherapeutische Interventionen und die Märchen-Karten können dabei eine wertvolle Hilfe sein. Märchen sind die Pforte zur Seele, sie öffnen den Horizont in die vierte Dimension und helfen, Ressourcen zu erschließen.

# Die Märchen-Karten

**Die Auswahl der Bildsymbole** erfolgte nach umfangreichen Auswertungen der Grimmschen Märchen und einschlägiger märchen-semiotischer und -therapeutischer Literatur. Daraus ist im Vorfeld ein kleines Lexikon[1] entstanden. Diese Sammlung hat gezeigt, dass mit 50 Bildsymbolen ein breites Spektrum der Märchen-Sprache, der Grundwortschatz sozusagen, abgedeckt werden kann.

Die Anzahl 50 entspringt der Überlegung, nicht einfach eine Kollektion zusammenzuwerfen, sondern die Symbole in eine Bezugsordnung zu bringen, die sich in einer Auslage von 7 mal 7 Karten darstellt. Die 50ste Karte nimmt dabei eine Sonderrolle ein, ist sozusagen der Joker (oder Trickster).

Die 50 Märchen-Karten sind von 0 bis 49 nummeriert. Die Auslage ist ähnlich dem Schachbrett von G bis A und von 7 bis 1 nummeriert, wodurch jedes Feld genau bezeichnet werden kann: auf 3C liegt Karte 12, kurz C3=12.[2]

Wie bei jeder Auswahl musste eine Mengengrenze gezogen werden und bei so vieldeutigen Elementen, ist die Zuordnung zur Kollektion notwendig zum Teil willkürlich. Es gibt gewiss eine Gruppe von Bildern, die so hervortreten, dass sie enthalten sein müssen. Dazu gehören *Das Kind* (Held), die *Königin* (Mutter), der *König* (Vater), *Prinz* und *Prinzessin,* aber auch in ihren verwunschenen Gestalten *Tierbräutigam* und *Eisprinzessin* (eigentlich eher Blütenbraut[3]), wobei das gesamte Personal (in der Märchen-Therapie) gern als Aspekte oder Facetten – da sind sie wieder, die Facetten – des Helden betrachtet wird.

[1]Bonin, Felix von: Kleines Handlexikon zur Märchensymbolik. Stuttgart (Kreuz) 2001 (vergr.) [2]s. Sn. 6 und 91
[3]s.Bonin, Felix von: Wörterbuch der Märchen-Symbolik. Ahlerstedt (Param) 2009

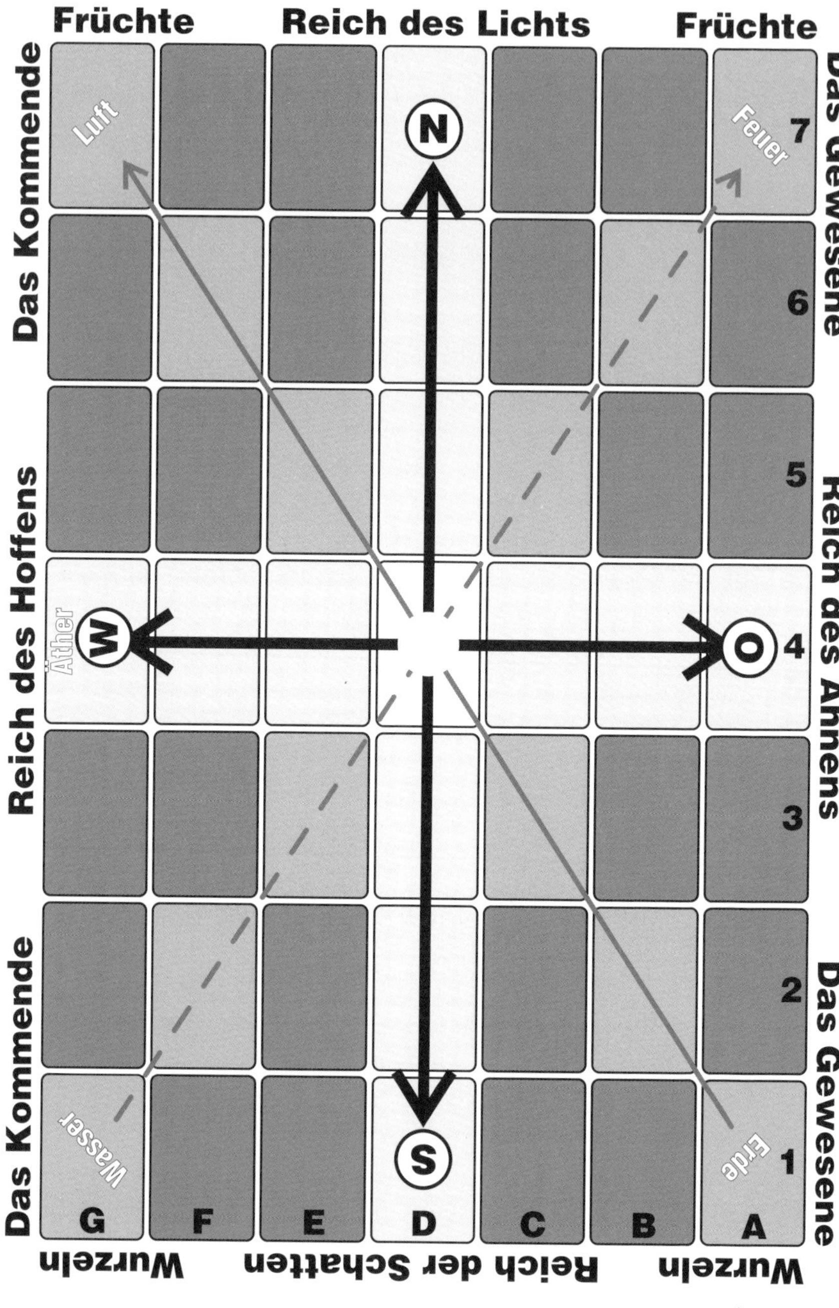
Früchte
Reich des Lichts
Früchte
Das Kommende
Das Gewesene
Reich des Hoffens
Reich des Ahnens
Das Kommende
Das Gewesene
Wurzeln
Reich der Schatten
Wurzeln
Luft
Feuer
Äther
Wasser
Erde
N
W
O
S
7
6
5
4
3
2
1
G
F
E
D
C
B
A

param

Die Auswahl wurde also von der Absicht mitbestimmt, nicht nur eine möglichst repräsentative Kollektion zu versammeln, sondern die Bild-Symbole auch in eine basale Ordnung (Kosmologie) zu bringen. Diese Kosmologie ist zweidimensional, die dritte Dimension ist im Zentrum gedacht, weshalb im Zentrum auch zwei polare Karten beheimatet sind, ein *Symbolon*.

In diesem archaischen Reich ist oben der Norden und das Licht, unten Süden und der Schatten. Links ist Westen und das Hoffen, rechts Osten und das Ahnen.

Das ist die männliche geistige Ordnung, die weibliche empfindliche findet im Reich des Lichts Früchte, im Reich des Schattens Wurzeln, im Reich des Hoffens das Kommende und im Reich des Ahnens das Gewesene. Obendrein sind die vier archaischen Elemente den vier Ecken zugeordnet, wodurch die Diagonalen markiert sind.

Diese »kosmische« Ordnung liegt dem Bild-System zugrunde, wissen oder beachten muss der Nutzer das aber weiter nicht. Es handelt sich lediglich um den Versuch, das zu schaffen, was in der Spieltheorie Nullsumme genannt wird, also dass sich alle Vektoren des Spielsystems in ihrer Summe aufheben. Umgangssprachlich könnte man das ausgewogen nennen.

Legen Sie die Märchen-Karten in der abgebildeten Ordnung aus, um sich mit ihnen vertraut zu machen. Sie entdecken so vielleicht auch Querverbindungen, Wahlverwandtschaften und Polaritäten.

Die Bild-Karten sind beidseitig bedruckt. Auf der Rückseite zeigen sie den Zauberwald, den Ort, an dem der Märchenheld von der alltäglichen Notsituation in die andere Wirklichkeit hinüberwechselt. Das Pferd kann dann sprechen, der Vogel legt ein goldenes Ei und ein Hut teleportiert uns, wohin immer wir wünschen. Überhaupt ist das Wünschen, das hingebungsvolle Wollen, in der anderen Wirklichkeit dem Fordern haushoch überlegen. Am Ende seiner (schamanischen) Reise kehrt der Held befreit und bereichert in die alltägliche Wirklichkeit zurück.*

*Das Märchen Von dem Machandelboom ist ein hervorragendes Beispiel, wie ein Märchen eine schamanische Reise nacherzählt. In: Bonin, Felix von (Hrsg.): Schamanismus und Märchen. Eine schamanische Reise durch den Zauber der Seele. Ahlerstedt 2003

# Der Zauberwald

**Nachdem Sie nun die Ordnung** des Zauberwaldes kennen, werden die 50 Märchen-Bilder einzeln vorgestellt und in ihrer Bedeutung ein wenig aufgefächert. Unter der Abbildung erscheinen die Nummer der Karte und die Koordinaten ihrer Stammposition im Zauberwald, ihr Name, ihre Rolle und ihr Motto. Dann folgen eine kurze Bildbeschreibung und die Grundzüge ihrer Deutung.

Die Bild-Symbole ordnen sich in drei Gruppen

- **19 Figuren**
  *Das Kind,* 5 Hauptfiguren, 12 Nebenfiguren und *Der Schatten*
- **13 Tiere**
  5 magische und 8 mythische Tiere
- **18 Geheimnisse**
  17 magische Gegenstände und *Der Apfelbaum*

Die **Figuren** tragen die Handlung des Märchens. Neben *Dem Kind* gibt es fünf Haupt- und dreizehn Nebenfiguren. Vier Nebenfiguren wirken mit magischen Kräften, acht verkörpern bestimmte, typische Rollen und die dreizehnte ist *Der Schatten.*

Daneben gibt es dreizehn **Tiere,** fünf magische und acht mythische. Sie verkörpern jenseitige Helfer, Krafttieren im Schamanismus vergleichbar. Und schließlich gibt es achtzehn magische Gegenstände, die dem Helden *(Das Kind)* überirdische Möglichkeiten und Kräfte verschaffen und deshalb **Geheimnisse** heißen.

Die tierischen Helfer und magischen Gegenstände begleiten den Helden auf seiner Reise. Sie ermöglichen ihm, über seinen eigenen Schatten zu springen, die unlösbaren Aufgaben zu lösen und Erfüllung zu finden.

# Figuren

**Die neunzehn Figuren** haben blaue Namensschilder, nur *Der Schatten* hat ein graues Schild. Bei Hauptfiguren hat das Schild einen grünen Rand, bei Nebenfiguren einen blauen. *Das Kind* und *Der Schatten* haben rote Ränder.
Auch die Karten 6 bis 9 und 18 haben rote Ränder, weil sie im »Lebensmärchen« eine besondere Funktion haben, was dadurch angezeigt wird, ansonsten jedoch unerheblich ist.

**0** 4D

## Das Kind

### *Der Held*

Vor bäuerlicher Landschaft verläuft ein Weg. Darauf geht *Das Kind* von rechts nach links. Es ist nicht zu erkennen, ob es ein Mädchen oder Knabe ist. Im erhobenen rechten Arm hält es ein Stöckchen. Es schaut frohen Muts in die Welt. Das Kind trägt einen rot/grünen Anzug.
Auf dem Weg, rechts am Bildrand, steht die Gans. Um den Hals trägt sie ein Band mit dem Schlüssel daran. Sie hat den Kopf zurückgebogen und sieht dem Kind hinterher. An einen Baum gelehnt steht ein Steckenpferd.
Im Hintergrund erheben sich Berge. Eine Wolke am Himmel bläst dem Kind Wind in den Rücken.

**Deutung**
Das Kind ist die zentrale Figur im Märchen. Oft tritt es als Dummling auf. Wer will ein Dummling sein? Das Kind ist gleichsam Hans im Glück und Narr. Den Erwachsenen gegenüber empfindet es sich als unterlegen – auch das innere Kind. Es wird nicht als vollwertig und gleichgestellt behandelt. Deshalb geht es fort, um das Abenteuer der Welt zu suchen und sich darin zu beweisen.

Das Abenteuer ist die seelische Auseinandersetzung und den Ort dafür bietet die Jenseitswelt des Zauberwalds mit seinen Geheimnissen. Das Kind symbolisiert den Schritt in die Autonomie: Es geht aus dem Bild hinaus; hinter sich lässt es das Leben im Schoß der elterlichen Familie, vor ihm liegt die Zukunft. Seine Körperhaltung zeigt Freude und Erwartung. Von den schweren Kämpfen zwischen Es, Ich und Über-Ich, die vor Erlangung der Autonomie (symbolisiert durch die drei unlösbaren Aufgaben) liegen, weiß es noch nicht. Es stört sich auch nicht an seiner auffälligen Kleidung. Sie bedeutet, dass es sich nicht verstecken kann. Grün ist die Farbe der Natur, des Wachsens und Werdens, das dem natürlichen Rhythmus folgt; Rot die des Bluts, der Vitalität und Triebhaftigkeit.
Das an den (Lebens-) Baum gelehnte Steckenpferd symbolisiert die unschuldige Schwerelosigkeit der Kindheit, die jetzt zurückbleiben muss, das Loslassen, das Nicht-verhaftet-Sein an die überkommene Lebenssituation, durch das allein eine neue, bewusste und reife Leichtigkeit erlangt werden kann.
Die Gans ist vom Kind abgewandt, schaut ihm aber hinterher. Sie ist ein mütterliches Symbol, ein Symbol der Fruchtbarkeit, der Vogel der Liebesgöttin Aphrodite. Der Schlüssel um ihren Hals zeigt nicht nur die mütterliche Macht, sondern auch den Zugang zum Geheimnis.
Die Wolke, die dem Kind Wind in den Rücken bläst, bedeutet die Unterstützung durch die belebte Natur. Der Wind ist Symbol des Lebensatems und des Geistes, also ein kraftvolles, väterliches Symbol.

1 4C

# Prinzessin

## *Die Anima*

Auf blühender Wiese spielt die *Prinzessin* ganz für sich tanzend mit dem goldenen Ball. Sie trägt ein grünes Mieder und einen roten Rock. Vorne im Gras liegt ein Brotlaib, an dem die Ratte nagt. Im Hintergrund breitet sich ein dunkler Teich aus, an dessen Rand die Unke sitzt und der Prinzessin zuschaut.

**Zu Prinz und Prinzessin**

Die Prinzessin und der Prinz sind das seelisch erwachende, in die Welt hinaustretende Kind. Für eine Frau entspricht die Prinzessin ihrem Ich und der Prinz dem männlichen Teil ihrer Seele, dem Animus. Für einen Mann ist es umgekehrt.
Prinz und Prinzessin sind aber nicht nur die beiden Ergänzungshälften (Yin/Yang, Anima/Animus) der eigenen Seele, sie symbolisieren auch die Dualseele, den kosmischen Lebenspartner oder die große Liebe.
Gleichzeitig können Prinz und Prinzessin auch leibliche Geschwister sein, also der Bruder oder die Schwester des Klienten oder Teilnehmers. Prinz und Prinzessin können aber auch für enge Freund und Freundinnen stehen, Geschwister im Geiste.

**Deutung**

Die blühende Wiese ist das blühende Leben. Die Prinzessin tanzt darauf und spielt mit dem Ball, der Ganzheit meint, aber auch ein Bild des Selbst ist. Die goldene Farbe hebt den Ball als himmlisch oder spirituell hervor.

Die Fruchtbarkeit der Prinzessin erwacht. Das zeigt auch der Laib Brot. Backen ist ein urweiblicher Energieprozess. Der Vergleich von Babys mit Brotlaiben ist im Volkstum geläufig. Wo etwas Junges entsteht, sammeln sich aber auch die hindernden Kräfte, die hier durch die Ratte vertreten werden, die das Brot auffrisst.

Der dunkle Teich im Hintergrund ist der Urgrund des Lebens, das aus dem (Frucht-) Wasser kommt. Die Unke, Symbol der Naturweisheit und des Uterus, bewacht diese mythische, urweibliche Tiefe und verwehrt sie Unbefugten mit ihren giftigen Warzen. Wer sie aber erkennt, als das, was sie in ihrem Herzen ist, dem spendet sie irdische Fülle und fruchtbares Leben.

In diesem Spannungsfeld von Ganzheit, Fruchtbarkeit und Verlust tanzt die Prinzessin den Tanz ihres Lebens.

## 2 — 4E

# Prinz

## *Der Animus*

Der Prinz reitet auf dem Göckelhahn. Kühn wirft er sich in die Brust. Er ist als Knappe gekleidet und seine Farben sind Rot und Grün. Er trägt noch keine Rüstung und kein Schwert. Doch mit dem Arm reckt er keck einen Dolch in die Höhe.

Im grauen Hintergrund führt der Weg durch eine Schlucht, die von den zwei Riesen verstellt wird, die so grau sind wie der Fels. Auf dem Gipfel des rechten Bergs steht ein Schloss, das brennt lichterloh.

**Deutung**

(Zu Prinz und Prinzessin siehe bei Prinzessin.) Der Prinz muss seine erwachende Manneskraft (symbolisiert durch den Hahn) unter Kontrolle bringen (darauf reiten). Er versucht es, indem er ritterlich ist, aber er ist noch kein wirklicher Ritter, denn er reitet auf einem flatterigen Vogel, der nicht einmal richtig fliegen kann. Er trägt auch keine Rüstung und ist nur mit einem Dolch ausgestattet.

Die beiden Riesen im Hintergrund sind die Eltern *(das Über-Ich, der Chef, das Finanzamt etc.)*, die so übermächtig erscheinen, so unbeweglich, so vage. An ihnen vorbei muss der Prinz seinen Weg machen.

Das Schloss auf dem Berg, ist der Ort, wo die Riesen wohnen *(das Zuhause des Prinzen, die Familie, die Heimat, die Firma etc.)*. Von dort kommt der Prinz. Der Berg bedeutet Sicherheit und geheime Schätze und das Schloss einen Ort, wo sich alle Wünsche erfüllen. Diese alte Welt muss der Prinz in sich verbrennen, um die neue, seine eigene zu entdecken.

Der Dolch steht für den schneidenden Intellekt, den Willen, das männliche Prinzip.

3 7D

# Der Alte

*Der väterliche Geist*

Auf dem Gipfel des Weltenbergs vor einem gewaltigen, uralten, knorrigen Baum, dem Lebensbaum, steht ein noch älterer Mann. Sein weißer Bart reicht bis auf den Boden. Ein weiter Umhang von dunkelgrünem Loden hüllt die hagere Gestalt ein. Sein grüner Spitzhut ist so hoch wie sein Bart lang.
Der Alte hat den rechten Arm erhoben, als wolle er etwas ergreifen. In der linken Hand hält er einen Stab, um den sich eine rote Schlange windet. Um den Hals trägt er eine Kordel oder Kette und daran drei Runen und zwar Thor, Odal und Tiu. Auf dem Baum, rechts und links über den Schultern des Alten sitzen die zwei Raben (Hugin und Munin). Zu seinen Füßen wachsen Pilze, verlockend rote und unscheinbar graue.

**Deutung**
Der Alte vertritt den Geist, das höhere väterliche Prinzip. Er ist älter als der älteste Baum. Er wurzelt tief in Mutter Erde und reckt seine Arme weit in die Höhen der Himmel. Er ist alt und hager und doch flößt er Respekt ein, ohne bedrohlich zu wirken. Er verfügt über Kräfte, die unvorstellbar sind. Wer ihn als alten Mann, als Greis sieht, wird an ihm vorübergehen. Wer aber den Weisen, den Druiden, den Meister in ihm erkennt, dem gestattet er tiefen Einblick in das ewige Wissen.
Der Alte erscheint immer in aussichtsloser oder verzweifelter Situation, um den Schlüssel zu liefern, den glücklichen Einfall oder um bei gründlicher Überlegung zu helfen. Eine Aufgabe oder Bedingung stellt er selten. Aber einen kleinen Zauber setzt er hier und da ein.
Voraussetzung ist jedoch, dass man ihm mit Achtung begegnet und lernbereit ist. Wer sich schwer tut, dem verhilft er auch zur nötigen Lehre. Aber mehr als drei Versuche gibt er nicht!
Der Alte ist eine zwiespältige Figur. Er ist von dieser Welt, doch sein Geist weilt mehr in einer anderen. Er ist alt und hager, doch seine Augen sind hellwach. Mal erscheint er groß, ein andermal klein; er ist dem Geistigen verbunden, aber auch dem Irdischen und der Unterwelt.
Die Raben auf dem Baum sind die Kundschafter und Boten des Alten. Sie fliegen durch die Welt und flüstern ihm ins Ohr, was sie gesehen haben. Sie tragen aber auch seinen Willen hinaus. Dann fliegen sie über das Feld und krächzen. Doch wer das Ohr dafür hat, kann ihre Botschaft verstehen.

4 5D

# König

*Der Beherrscher*

Vor einem gemauerten Torbogen steht der König. Der Eingang ist mit zarter Gaze verhängt. Rechts und links am Torbogens sind Lüster angebracht, trotzdem ist es nicht hell. Durch den Vorhang scheint es viel hellerer.
Der König ist mit dem Hermelin geschmückt und hält ein goldenes Schwert in der Hand. Damit hat er gerade einen Spalt in den Vorhang geschnitten, so dass noch helleres

Licht hervordringt. Auf dem Boden liegen ein Schild und ein zerbrochener Speer.

**Zu König und Königin**
Im Märchen gibt es keine Nebenrollen, jede Figur ist für ihre Art einzig und groß, ob im Guten oder im Bösen.
Das zeigt sich am Königspaar zuerst. Es repräsentiert gewöhnlich die Eltern, die dem Kind wie gewaltige, vermögende, unfehlbare Potentaten erscheinen. Zum Ausdruck dieser Macht (dem Kind gegenüber) werden sie mit den Insignien des Königtums geschmückt, und es ist deshalb auch gar kein Widerspruch, wenn ein König zum Beispiel arm ist oder seine Tochter begehrt oder die Königin Äpfel schält oder ihre Kinder vom Jäger töten lässt (der das natürlich nicht tut, sondern ein Reh tötet und die Kinder im Wald aussetzt).
König und Königin sind allerdings eher lichte, geistige (oder gedachte) Gestalten, was durch die Kronen angedeutet wird. Verfallen sie dem Reich der Schatten, des Fleischlichen, verwandeln sie sich gewöhnlich in andere Figuren wie die Hexe, den Zauberer, die Riesen, oder werden durch diese ersetzt.

**Deutung**
Der König dringt in das Unbekannte ein, erobert das Verborgene. Das tut er mit Bedacht, Kraft und Aufmerksamkeit, aber auch mit dem gehörigen Nachdruck und mit männlicher Stoßkraft.
Das Gemäuer des Torbogens und die fahlen Lüster deuten den großen Widerstand an, doch der Zugang zum Geheimnis ist nur durch eine keusche Gaze verhüllt. Dahinter verlockt ein Licht. Ist es gleißend? Ist es trüb?
Schild und Speer am Boden deuten auf Kampf, doch ersichtlich ist nicht, welche Art von Kampf stattgefunden hat, denn dem König bietet sich kein physischer Widerstand. Jedoch erobert der König nicht nur das Neue, er verteilt auch die dabei gewonnenen Schätze. Sein Reichtum ist unermesslich, will man aber davon abhaben, muss man sich ihm unterwerfen.

**5** **3D**

# Königin

## *Die Hüterin*

Die Königin sitzt auf einer Bank unter dem Apfelbaum und schält Äpfel. Neben ihr steht ein ganzer Korb voller Äpfel. Unter dem Baum, auf der Wiese, liegen noch mehr Äpfel. Der ganze Baum hängt auch noch voll. Äpfel im Überfluss.
Vor der Bank im Gras spielt das Kind. Der Königin sind ein paar Apfelschalen auf den Boden gefallen. Eine davon hat das Kind aufgenommen und hält sie hoch, gerade als wolle es sie essen.

Im Hintergrund am Rand des Zauberwalds geht die Hexe schemenhaft nach rechts (Zukunft), links (Vergangenheit) springt das Reh auf und davon.

**Deutung**

(Zu König und Königin siehe bei König). Der Apfelbaum ist Symbol der nährenden Fruchtbarkeit und die Königin ist Hüterin seiner Früchte. Sie sammelt diese Früchte des Lebens in ihrem Korb.
Der Apfel bedeutet sinnliche Liebe, doch er hängt hoch am Baum der Erkenntnis. Der gemeinsame Genuss des Apfels verbindet Prinz und Prinzessin zu König und Königin. In dieser Reifung liegt die Erkenntnis. Die Frucht der Verbindung, das Kind, spielt im feuchten Gras des Werdens.
Die Königin bringt das Leben hervor. Sie bedeutet Fülle, denn sie gibt bedingungslos, was sie hat. Doch sie unterliegt wie der Apfelbaum den Jahreszeiten von Werden und Vergehen.
Der Reichtum der Königin ist nicht von dieser Welt. Sie hütet die Geheimnisse des Lebens und sie entscheidet, mit wem sie diese Geheimnisse teilt. Sie beschützt das Kind vor all den finsteren Gestalten, die ihm nach der Seele trachten, doch sie kann sich auch jederzeit und unvermittelt selbst in die Hexe verwandeln und unmögliche Forderungen stellen.

## 6 2D

# Hexe

## *Das mütterliche Wirken*

Dicht umringt von Tannen steht ein Häuschen von Lebkuchen. Die Hexe steht davor. Sie ist buckelig. Auf ihrer Schulter sitzt der Uhu und um ihre Beine streicht der schwarze Kater. Er macht einen Buckel. Etwas abseits auf einem großen Stein sitzt die Unke.

Die Hexe trägt ein gräulich Kleid und eine graue Schürze. Ihr Kopftuch ist wie eine Kapuze groß. Nur ihre noch größere Nase ragt hervor, darauf eine Warze. In der linken Hand hält sie einen knorrigen Knüttel, der sie beim Gehen stützt.
Auf dem Feuer steht ein gewaltiger Kessel, in dem es brodelt. Die Hexe führt eine Kelle zum Mund, als wolle sie gerade von dem Gebräu kosten.

**Deutung**

Die Hexe ist die Urmutter, die große Mutter Natur, die Frau Holle, das alte Weib, die Großmutter – die, die alle Geheimnisse des Lebens schon kennt. Sie beherrscht die Kräfte der Natur. Deshalb kann sie aus Kräutern das Gebräu kochen, aus dem alles Leben, alles Glück, aller Wohlstand kommt.
Ihr Haus ist aus Lebekuchen köstlich gebacken, Fenster aus Zucker, Gardinen von Würsten. In solch einem Haus, da bleiben keinerlei leibliche Wünsche unerfüllt.
Die Hexe nährt das Kind, doch bedroht sie es auch, immer bereit, es in ihren großen Kessel zurückzuwerfen und wieder in die Ursuppe einzurühren, wenn die Zeit gekommen ist. Oft gelüstet ihr auch, das Kind zuzubereiten und zu verspeisen, um sich das Junge einzuverleiben und dadurch selbst wieder jung zu sein. Das ist die schreckliche, die bedrohliche Seite der Hexe und ihre eigentliche große Rolle im Märchen. Darin wird sie zur ›anderen Frau‹, die sich der Königin

gegenüberstellt, diese verdrängt oder ersetzt (z. B. als Stiefmutter) und dadurch das kindliche Reich bedroht.

Die Hexe hat Macht, wie eine Schicksalsgöttin. Sie hat ein geheimes Buch, aus dem sie liest und in das sie schreibt. Es wird von der Unke verwahrt und bewacht. Und sie kann Flüche aussprechen. Als Bewahrerin des großen Kreislaufs hat sie auch magische Kräfte. Das bedeutet der Kater. Sie kann andere verwünschen oder sie mit ihrem Gebräu verzaubern, verhexen und vergiften.

Die Hexe ist die Herrscherin des Zauberwalds, doch ihre Zeit ist die dreizehnte Stunde. Alle Tiere gehorchen ihr oder unterliegen ihrem Bann. Sogar Wege und Bäche verändern ihren Lauf allein auf ihren Spruch hin. Diese natürlichen Kräfte deuten die Tiere an, die immer um die Hexe herum sind.

# 7 6D

# Zauberer

## *Der magische Wille*

In einer Turmkammer, einer Klause, einer Studierstube, steht der Zauberer versunken an einem Schreibpult. Darauf ein aufgeschlagen Buch. Tinte und Schreibfeder stehen auch bereit. Im Hintergrund sind Regale mit Büchern und alchimischen Geräten zu sehen. An der Wand, Menetekel, ein magisches Quadrat.

Der Zauberer trägt einen dunkelblauen Mantel, der bis auf den Boden reicht und von einer Schnur gerafft wird. An der Schnur hängen ein Beutel und ein Bund von Schlüsseln. Er trägt auch einen hohen, spitzen Hut mit Sternen darauf.

Der Zauberer hält in der rechten Hand ein Stöckchen ganz wie ein Dirigent. Das ist der Zauberstab. Aus der Spitze stieben lichte Funken. Der linken Hand des Zauberers entfällt gerade ein Pergament mit magischen Sigillen. Und zu seinen Füßen liegt winzig das Reh.

Durch das Dunkel des Hintergrunds huschen schattige Schemen. Beiseite steht ein Glaskolben, darinnen ein Zwerg eingeschlossen, des Zauberers Schwager.

**Deutung**

Der Zauberer wohnt im Turm der Hochmut. Darin hat er seine Studierstube eingerichtet, sein Laboratorium und seine Bibliothek. Und dort erwirbt er auch sein magisches Wissen, ruft Geister herbei und weckt Kräfte, ihm zu Diensten.

Der Zauberer ist die Ergänzungshälfte zur Hexe. Doch während jene inmitten des Zauberwalds lebt, residiert er in der Entrücktheit des Turms. Dort will er die Kräfte der Natur seinem Geist unterwerfen. Am Leben selbst ist er eigentlich nicht interessiert. Er lebt zurückgezogen und allein in seiner erdachten Welt, der Welt des Geistes, des Akasha. Das kleine Reh, das ihm friedlich zu Füßen liegt, bezeugt das.

Der Zauberer hat große Macht über die fünf Elemente und sein Wille ist Gesetzt für die Geister der vier Welten, doch Leben hervorbringen wie die Hexe es dreimal drei tut, das kann er nie und nimmer. Der im Glaskolben eingeschlossene Zwerg *(der Bruder der Hexe)* symbolisiert diese Ohnmacht – er ist der Homunkulus, der Golem, das künstliche Leben. Der Zwerg im Glaskolben ist aber auch ein Symbol für die männliche Energie des Zauberers, die klein und eingeschlossen ist und sich nur über ein (Zauber-) Stöckchen entlädt.

Die dunkle Seite des Zauberers ist nicht wie bei der Hexe der Verfall des Körpers, sondern die Verwirrung des Geistes und der Tod der Seele selbst, wenn sich nämlich der bohrende Wille über und damit gegen die Natur stellt.

## 8 4F

# Tierbräutigam

*Der unerlöste Animus*

Ein junger Mann steht in einer Kammer. Da ist ein Bett, darin liegt die Prinzessin. Sie schaut zu dem jungen Mann hin. Der steckt zur Hälfte in einer Tierhaut. Mit den Beinen ist er in den Beinen der Hülle, nur der Oberkörper ragt heraus. Es ist nicht ersichtlich, ob er aus der Hülle heraus schlüpft oder in sie hinein.

**Deutung**

Der Tierbräutigam ist der unerlöste Prinz. Tagsüber ist er ein gefürchtetes oder ekelhaftes Tier, dann geht er fort und verkriecht sich. Doch nachts, wenn er zur Prinzessin kommt, um in ihrem Bett zu schlafen, dann streift er seine Tierhaut ab und der wunderschöne Prinz kommt zum Vorschein.

Die Prinzessin kann ihn erlösen, indem sie lernt, ›den Prinzen im Tier‹ zu lieben. Sein Geheimnis mit der Tierhaut darf sie nicht verraten, weil sie es aber doch tut, verliert sie ihn und muss auf eine lange Suchwanderung gehen, um ihren Prinzen nach vielen Prüfungen wiederzufinden.

Die erotische Bedeutung dieses Bildes liegt auf der Hand. Der Tierbräutigam ist Modell für eine (Ehe-) Beziehung, die darauf beruht, die menschlichen Eigenschaften höher zu schätzen als die äußere Erscheinung.

Die Tierhaut, die der Prinz nur abstreifen kann, wenn er bei der Prinzessin schläft, ist Symbol der gegenseitigen Erlösung von Mann und Frau. So wie die Prinzessin ihren Tierbräutigam durch die Beweise ihrer Liebe von seiner animalischen Natur befreit, so befreit der verwunschene Prinz (durch sein Leiden) die Prinzessin von ihrer Fixierung auf oberflächlichen Schein. Erst wenn sie seine innere Schönheit erkennt und liebt, kann er seine tierischen Triebe kultivieren und sie so lieben, wie sie es sich wünscht.

## 9 4B

# Eisprinzessin

*Die unerlöste Anima*

In ihrer Robe aus Schneeflocken und mit der Eiskrone geschmückt steht die Eisprinzessin in ihrem Eispalast. Sie ist so sehr wunderschön. Das Licht des Eises umstrahlt sie glitzernd. Ihre Haut ist von blassem Blau.

Sie hält die Arme neben dem Körper hoch und hat in der rechten Hand einen Stab mit einem Kreuz an der Spitze, in der linken einen Stab mit einem Kreis. Aus dem Kreuzstab strahlt bläuliches, aus dem anderen rosa Licht.

**Deutung**
Sie sieht perfekt und strahlend aus, aber sie ist auch unerreichbar. Eis ist ein Symbol für die Erstarrung der Gefühle und des Seelischen. Der Kristall ist geronnenes Leben, eine bloße Struktur, die von nichts Pulsierendem erleuchtet wird.
Die Schneekönigin macht sich unnahbar durch ihre Perfektion. Alles ist klar und übersichtlich, sogar durchsichtig – aber ohne Gefühl, ohne Wärme, denn dann würde das Eis und mit ihm aller Glanz dahinschmelzen.
Die Eisprinzessin ist die unerlöste Prinzessin. Ihre Schönheit lockt viele Freier, doch sie macht sich und ihre Gefühle unerreichbar, denn sie hat Angst, berührt zu werden. Sie ist blitzgescheit und stellt ihren Freiern knifflige Fragen, die sie nicht lösen können. Das müssen sie mit dem Leben bezahlen. Bis dann der Eine kommt, ihr Prinz, der sich von ihrem Glanz nicht blenden lässt und sie durchschaut. Dann schmilzt das Eis dahin und zurück bleibt die Prinzessin.

**10** 5E

## Jäger

*Der hegende Herr*

Das Gewehr geschultert und von seinem Hund begleitet schreitet der Jäger durch den Wald. In der rechten Hand hält er sein Horn hoch, aber er bläst es nicht. An seinem Hut steckt eine lange Feder.
In einiger Entfernung wechselt das Reh über den Waldweg. Auf einem Ast sitzt ein Falke. Hinter einem umgestürzten Baum lugt der Zwerg hervor.

**Deutung**
Der Jäger ist der Fürst des Zauberwalds, der Herr der Tiere. Wenn er in sein Horn bläst, unterwerfen sie sich ihm alle, denn sein Gewehr verfehlt nie das Ziel. Er entscheidet über Leben und Tod, doch nicht willkürlich, sondern nur, um den Wald als ganzes zu hegen und zu pflegen. Er ist der große Beschützer, der Tierherr.
Der Jäger ist auch der Beschützer des Kindes, er bewahrt es vor dem Todesspruch und schützt es vor den Gefahren des Waldes. Seine magischen Kräfte sind gering, aber sein Büchse trifft unfehlbar und er spricht und versteht die Sprache der Tiere.
Die wahre Stärke des Jägers ist seine aufrechte Gesinnung. In tieferer Bedeutung repräsentiert er deshalb auch die Beherrschung der tierischen, gewalttätigen Kräfte im Menschen. Der Jäger ist auch Schamane und als solcher mit der Hexe verwandt, doch er ist rastlos und zielstrebig.

**11** 5C

## Sterntaler

*Das kosmische Kind*

Ein Kind steht mit nichts als einem Hemdchen bekleidet auf einer Lichtung. Am nächtlichen Himmel funkeln die Sterne. Das Kind

hält das Hemdchen wie eine Schürze auf. Da hinein regnen die Sterne vom Himmel und werden dabei zu Goldtalern. So im Überfluss regnet es, dass schon manche neben das aufgehaltene Hemd gefallen sind.

**Deutung**

Der Stern ist Symbol für das Selbst als Einzelseele und das damit verbundene individuelle Schicksal. Sterntaler offenbart auch die Veränderung der Betrachtungsweise. Wer eben noch arm erschien, kann im nächsten Moment schon reich sein. Menschen, die dieses Bild erfüllen, werden *Stars* genannt.
Sterntaler ist ein Star! Es hat seinen irdischen Besitz freizügig mit Bedürftigen geteilt und besitzt selbst nun mehr nichts, aber es kennt den Reichtum der Schöpfung. Und es weiß, dass seine Einzelseele (sein Stern) nicht verloren gehen kann, gleichgültig wie sein Schicksal auch gerade erscheint. In diesem Wissen ist es eingebettet in die All-Seele und wird von deren Kraft getragen.
Dieses Getragen-Werden wird symbolisiert durch die Sterne, die als Goldtaler vom Himmel regnen: Die Natur bringt den benötigten Reichtum hervor. Sterntaler muss sich dafür nicht anstrengen, sondern nur zum Himmel blicken und den Segen empfangen.

## 12 3C

# Rotkäppchen

## *Die verführte Verführerin*

Auf einem Weg durch den sommerlich verschatteten Wald geht ein Mädchen. Es trägt ein Kleid mit einer weißen Schürze und auf dem Kopf ein rotes Käppchen.
Rotkäppchen hat einen Korb am Arm hängen, der ist mit einem Tuch zugedeckt. Unter dem Tuch hervor schaut eine Flasche heraus.
Rechts und links des Wegs blühen schöne Blumen. Zwischen Büschen versteckt sieht man den Wolf. Hinter Rotkäppchen, am Wegesrand, schlängelt sich eine kleine Schlange.

**Deutung**

Rotkäppchen ist so auffällig gekleidet, dass ihr rotes Hütchen ihr sogar den Namen gibt. Nun ist Rot die Farbe der Liebesgöttin und der jungen Frau. Darauf weist diese rote Kopfbedeckung hin, Rotkäppchen ist auf Abenteuer aus. Der sonnige Wald und die bunten Blumen am Wegesrand symbolisieren das. In ihrem Korb, Symbol für den Bauch, sind leibliche Genüsse verborgen, die Flasche mit Wein oder Most verrät das.
Diese Verlockung, symbolisiert durch die Schlange, hat ihre Wirkung nicht verfehlt. Der Wolf hat schon ihre Witterung aufgenommen und wartet nur noch auf die günstige Gelegenheit.

13 3E

# Rumpelstilzchen

*Der fordernde Helfer*

Auf einer Lichtung lodert ein Lagerfeuer, darum tanzt ein buckliges Männchen in rotem Mantel, roten Strümpfen und Schuhen. In der hochgereckten Hand schwingt es einen Kochlöffel. Vor ihm auf dem Boden steht ein Humpen.
Am Rand der Lichtung verborgen schaut die Prinzessin seinem Tanz zu.

**Deutung**
Rumpelstilzchen erscheint als dämonische Figur, es verfügt über erdmagische Kräfte. Wenn die Königin in höchster Not ist, bietet es Hilfe und nennt seinen Preis (»Etwas Lebendiges wäre mir lieber«).
Nachdem die Not abgewendet und die Zeit gekommen ist, den Preis zu zahlen, bereut die Prinzessin die Vereinbarung. Die Ambivalenz des Rumpelstilzchens zeigt sich nun darin, dass es bereit ist, nachträglich eine Rettungsklausel zu vereinbaren, obwohl es dadurch keinen Vorteil hat – im Gegenteil. Ein böser Dämon handelt so nicht.
Die rote Kleidung und das Feuer, um das es tanzt, bedeuten Stilzchen als eine wilde, urtümliche Energie, die beherrscht werden muss, symbolisiert durch die Kenntnis ihres Namens. Die Rumpelstilzchen-Energie kann Stroh zu Gold spinnen, also aus Wertlosem große Schätze erschaffen. Aber sie fordert die Hingabe des Lebendigen.

14 3B

# 7 Zwerge

*Der unerhörte Diener*

Die Zwerge gehen zu siebt hintereinander durch den dämmernden Wald. Der erste Zwerg hält eine Laterne hoch, die ihnen den Weg bescheint. Die Zwerge tragen Spitzhacken, Schaufeln und volle Säcke auf den Rücken.
Die Zwerge kommen aus ihrem Bergwerk. Der Eingang des Stollens ist zwischen den Wurzeln eines mächtigen Baums versteckt. Im Hintergrund steht ein Häuschen, dessen Schornstein raucht. Die Fenster zeichnen sich hell ab, und auch aus der Tür fällt ein Spalt Licht, weil sie nur angelehnt ist. Ein Schlüssel steckt im Schloss.

**Deutung**
Zwerge stehen für Männer, die sich nicht zu reifen Menschen entwickelt haben. Sie bleiben auf eine vorödipale Ebene fixiert. Zwerge haben weder Eltern noch Kinder, sie heiraten auch nicht. Es gibt gar keine weiblichen Zwerge.
Zwerge sind in ihrer (männlichen) Entwicklung stehen geblieben, ihre Sexualität ist

zurückgeschnitten oder gestört und tritt nicht direkt in Erscheinung. Diese Minderwertigkeit gleicht der Zwerg aus, indem er siebenfach erscheint.
Die rote Mütze ist ein sexuelles Signal. Die unterdrückte männliche Energie lebt der Zwerg aus, wenn er in seinem Bergwerk – aus dem Bauch der Erde – die Schätze der Natur ans Licht befördert. Die Zwerge sind deshalb nicht nur reich, sie haben ein großes Wissen um verborgene Dinge und treten manchmal als magische Helfer auf. Ebenso wie die Fee können sie gut oder böse sein.
Die sieben Zwerge symbolisieren auch den unerlösten Mann, der sich nach dem geborgenen Zuhause sehnt, das ihn erwartet, wenn er von seiner Arbeit ›im Berg‹ heimkommt. Er hortet viele Schätze, aber die Liebe findet er damit nicht. Die Tür zu seinem Heim steht offen. Erwartet ihn jemand oder wurde eingebrochen?

## 15 5B

# Fee

## *Die flüchtige Beschützerin*

Um den Brunnen springen zwei flatterhafte weibliche Wesen, als ob sie sich gegenseitig fangen wollten, sich aber nie einkriegen können. Die eine Fee sieht finster aus, die andere hell.
Ein Huhn flattert aufgeschreckt davon. Auf dem Dach des Brunnens sitzen die sieben Raben und auf seinem Rand steht ein Schöpfeimer. Vor dem Brunnen im Gras liegen zwei Krüge, einer ist zerbrochen.

**Deutung**
Die Fee ist eine schicksalhafte Figur. Sie ist weder gut noch böse, sondern erfüllt die Gerechtigkeit, indem sie den Spruch verkündet. Deshalb erscheint sie dem einen hell, dem anderen finster. Für jeden schöpft sie aus dem Brunnen des Lebens das Wasser, das ihm zusteht. Sie ist Botin und Verkünderin, nicht Richterin.
Die Fee ist ein zartes, luftiges Wesen. Oft ist sie verzaubert und an einen Ort gebannt. Ist das ein Brunnen oder Teich, ist sie mit der Nixe verwandt. Dort wartet sie dann geduldig, dass ein Held kommt, sie zu befreien. Dem wird unzerbrechliche Treue abverlangt.
Die Fee ist aber auch dem Kobold verwandt, ist ausgelassen und treibt gern ihr verwirrendes Spiel mit dem Prinzen, wenn er sich in sie verliebt.
Der Brunnen deutet auf ihre Verbindung zur magischen Tiefe hin, sie schöpft daraus mit Eimer und Krug, weiblich-mütterliche Symbole. Die sieben Raben auf dem Dach des Brunnens deuten ihre andere Seite an, denn der Rabe ist Todesbote und Unglücksvogel. Weil er die dunkle Seite des Lebens kennt, ist er aber auch ein Vogel der Weisheit.

## 16 F5

# Gold/Pech-Marie

## *Die zerrissene Seele*

An einem Backofen steht ein Mädchen strahlend hell. Sie beugt sich dem Ofen zu und ist gerade dabei, mit einem Schieber ein Brot herauszuholen.
Halb durch sie verdeckt hinter ihr steht eine Zweite, die ist schattenhaft. Sie beugt sich

zur anderen Seite. Da ist ein Brunnen tief, in den schaut sie hinein.
Über den beiden Mädchen, im himmlischen Hintergrund, schüttelt eine Frau die Betten aus, dass es zu schneien scheint. Das ist Frau Holle (Hulda).

**Deutung**
Gold/Pech-Marie ist eine zwiespältige Figur. Goldmarie und Pechmarie sind die holde und die abgründige Seite von Marie. Es ist ein Bild der eindeutigen Entscheidung.
Das Leben ist nicht immer nur ein rosiger Traum. Nur wer die Früchte erntet, kann sie auch genießen. Frau Holle, die große Mutter, die im Hintergrund die Betten ausschüttelt, prüft Marie, ob sie bereit ist, ihr, also dem Leben, der Natur, zu dienen.
Maries lichte Seite (Goldmarie) tut, was das Leben ihr abverlangt. Das Brotbacken symbolisiert nicht nur die ursprüngliche, nährende Aufgabe, sondern die Leben spendende ganz allgemein. Der Backofen ist ein Bild für den Uterus, in dem das Baby ›gebacken‹ wird. Der Brotlaib entspricht dem Kindsleib.
Maries schattenhafte Seite (Pechmarie) steht am Brunnen und schaut träumend in den Abgrund. Fasziniert schaut sie auf den Wasserspiegel, der in der Tiefe wie ein schwarzes Auge glänzt. Das Dunkle, die Verlockung, das Jenseitige beschäftigt die Schattenmarie. Der Brunnen verbindet diese mit jener Welt. Er ist deshalb Symbol für den Geburtskanal oder den Übergang allgemein, auch den ins Reich der Toten.

## 17 3F

# Riesen

## *Die groben Eltern*

Auf einer Bergwiese zwei Riesen, die sind derb und schmutzig, wie der Fels. Im Hintergrund ragt eine Bergspitze auf. Oben auf der Spitze ist ein Horst zu sehen und ein Vogel, der darüber kreist.
Der eine Riese, der mehr wie ein Mann aussieht, reißt gerade einen Baum aus. Der andere, eher eine Frau, steht halb hinter ihm. Mit einer Hand berührt sie seinen Rücken, in der anderen hält sie einen Felsbrocken hoch. Will sie ihm helfen oder ihn schlagen?
Am Rande der Szene stehen eine Bratenplatte, ein Krug und zwei Becher. Hinter einem Fels versteckt schaut das Kind den Riesen zu.

**Deutung**
Erwachsene sind für das Kind wie Riesen. Alles ist riesig. Sie essen und trinken unmäßig, sind aufbrausend und oft von roher Gewalt, triebhaft, ungeschlacht und dumm. Deshalb ist ihr Verhalten auch berechen- und voraussehbar. Der Mann ist gewöhnlich ein Menschenfresser, seine Frau mürrisch

und schlampig, das Essen, das sie zusammenrührt, ungenießbar.
Riesen haben Riesenkräfte, doch sie richten sie oft gegeneinander und vernichten mehr, als sie errichten. Sie haben auch Riesenemotionen und stehen für Eltern, die ihre Kinder vernachlässigen, weil sie mit ihren eigenen Problemen nicht fertig werden.
Riesen sind uralt und leben in Höhlen oder Blockhütten im Gebirge.

## 18 1D

# Der Schatten

*Das andere Ich*

Eine steinerne Wendeltreppe in einem Turm, in der Außenwand einvergittertes Fenster, darin sitzen zwei Raben. Rechts und links daneben an der Wand sind zwei Fackeln angebracht, aber nur eine ist entzündet. Über die Treppenstufen fällt ein Schatten, ohne dass eine Person zu sehen ist. Steigt die Person die Treppe hinauf oder herab? Auf der untersten Stufe hockt die Ratte, auf der obersten liegt eine goldene Kugel.

**Deutung**
Der Schatten ist die unerlöste Seele. Wenn wir sterben, das Irdische aber nicht loslassen können, werden wir zu huschenden Schatten. Weil es das Böse ist, das uns an die Welt bindet, die Verstrickungen und Leidenschaften, sammelt sich im Symbol des Schattens alles, was als minderwertig oder böse empfunden und daher nicht zugelassen, verdrängt oder verworfen wird, aber auch alles, was wir nicht leben, weil es mit unserem bewussten Standpunkt, mit der anerzogenen Moral oder dem Bild von uns selbst nicht vereinbar ist.
Der Schatten ist das zweite Ich, der dunkle Bruder. Und wie ein Spiegelbild ist er immer auf der ›anderen Seite‹. Die Ratte ist sein Kumpan, sitzt mit ihm auf einer Stufe. Doch der Schatten strebt (oft verzweifelt) nach Befreiung und Erlösung. Das symbolisiert die goldene Kugel auf der obersten Stufe. Sie steht für die erleuchtete Seele. Die göttlichen Schicksalsraben schauen dem Auf- und Abstieg des Schattens aufmerksam aber gelassen zu.

# Tiere

**Auch bei den** dreizehn Tieren gibt es zwei Gruppen. Die fünf magischen Tiere (blaue Namensschilder, grüner Rand) sind den (alchimischen) Elementen (Erde, Wasser, Feuer, Luft, Raum) zugeordnet und den Nebenfiguren ebenbürtig. Die acht mythischen (lila Schilder, lila Rand) Tiere haben dienende Funktion wie die magischen Gegenständen.
Nur *7 Raben* hat ein graues Schild. (Karten 19 und 20 mit roten Rändern nur fürs »Lebensmärchen«.

| 20 Adler | 24 Uhu | | | | 25 Fuchs | 21 Drache |
|---|---|---|---|---|---|---|
| 31 7 Raben | | | | | | 26 Hahn |
| | | | | | | |
| 19 Reh | | | | | | |
| | | | | | | |
| 30 Perlmutt butt | | | | | | 27 Gold esel |
| 23 Schlange | 29 Unke | | | | 28 Wolf | 22 Ratten könig |

**19** 4G

## Reh

*Die Sehnsucht des Selbst*

In einiger Entfernung wechselt ein Reh. Es huscht gerade hinter einen Busch.

**Deutung**
Das Reh ist das Tier der Unschuld und Sehnsucht. Es ist flüchtig und deshalb verlockend. Indem das Kind dem Reh hinterherläuft, verirrt es sich im Zauberwald und gerät so in die jenseitige Sphäre. Es ist diese Verlockung, die dem Kind den Schritt in ein neues, sein eigenes Leben tun lässt.
Das Reh wird aber auch geopfert, um das Leben des Kindes zu schonen. Wenn zum Beispiel dem Jäger befohlen wird, das Kind zu töten, erlegt er statt seiner das Reh und überlässt das Kind dem Zauberwald. Die naive Unschuld und die flüchtige Sehnsucht müssen geopfert werden, um die Verwirklichung des Selbst ins Leben zu bringen.

## 20 7G

# Adler

*Kosmische Ordnungsmacht*

Auf einer felsigen Bergspitze sieht man einen Horst. Darüber kreist der Adler hoch in der Luft. In der Felswand klettert das Kind der Spitze entgegen und ist kurz davor, in den Horst zu spähen.

**Deutung**

Er ist der König der Lüfte, ist den Göttern nahe und symbolisiert deshalb die kosmische Ordnungsmacht. Auf dem Rücken trägt er das Kind an die entferntesten Orte oder rettet es aus großer Gefahr. Er ist der Geist, der sich kühn aufschwingt, um höchste Ziele zu verwirklichen. Er verleiht der Schlange Flügel und die Zwerge fürchten ihn, weil er sie an ihren roten Mützen schnappt und weit, weit fortträgt.

Wer die Felswand bezwingt und in seinen Horst steigt, befindet sich in höchster Gefahr, findet dort aber auch die seltene Kostbarkeit oder erfährt geheimste Geheimnisse.

## 21 7A

# Drache

*Das sexuelle Feuer*

Aus einer Höhle kommt der Drache heraus. Er ist grün geschuppt und hat sieben Köpfe. Die speien Flammen gegen einen Ritter in weißer Rüstung, der auf seinem weißen Mantel mannshoch ein rotes Kreuz trägt. Der Ritter hält ein Zweihandschwert, womit er dem Drachen soeben einen Kopf abgeschlagen hat. Der liegt dem Ritter zu Füßen im Gras. Im Eingang der Höhle, halb im Schatten, steht die Schatztruhe. Im Dickicht des Waldes versteckt schaut die Prinzessin dem Drachenkampf zu.

**Deutung**

Der Drache ist das magische Tier des Feuers, sein Atem ist Feuer an sich. Diesem Feuer muss sich der weiße Ritter stellen. Es ist das sexuelle Feuer in ihm, das es zu bezwingen gilt. Nur wenn er den Feuerdrachen besiegen kann, ist er ein wahrer Ritter und darf die weiße Rüstung tragen.

Der Drache hütet Schätze. Die fallen dem Ritter zu, wenn er dem Drachen alle Köpfe abgeschlagen hat. Schafft er das aber nicht, dann muss die Prinzessin (samt ihrer Unschuld) dem Drachen geopfert werden, um ihn zu besänftigen, worauf ihm die abgeschlagenen Köpfe nachwachsen. »Der Drache ist der Wächter des Tempels; opfere ihm, ziehe seine Haut ab, schneide das Fleisch von seinen Knochen, und du wirst finden, was du suchst.«*

## 22 1A

# Rattenkönig

*Die unbewusste Macht*

Sieben Ratten liegen zusammen in einem Erdloch. Ihre Schwänze sind verknotet. Ihre Augen sind rot. Eine trägt ein kleines Krönchen auf dem Kopf. Um sie ist es düster. Abgenagte Knöchel und Schlüssel liegen überall herum.

**Deutung**

Die Ratte lebt im dunklen Bauch der Erde und steht für unbewusste animalische Regungen. Sie ist bekannt für ihre Schlauheit. Der Rattenkönig zeigt das ganz besonders, weil er sich durch die verknoteten Schwänze kaum bewegen kann. Seine sieben Teile wollen in verschiedene Richtungen, wodurch sich ihre Kraft aufhebt und die Verknotung fester wird. Trotzdem überlebt er, darauf weisen die abgenagten Knochen hin.
Die Siebenzahl bedeutet die magische Macht des Rattenkönigs und die herumliegenden Schlüssel die Geheimnisse, die er kennt. Er erschließt nämlich das Unbewusste, doch dessen Geheimnisse sind für ihn bloß bleiche Knochen, die er abnagt.
Die Macht, die magischen Bilder des Unbewussten zu beschwören (Verzweiflung, Hoffnung, Angst, Gier, Hass, Sehnsucht etc.), nutzt der Rattenkönig, um seine Umwelt zu manipulieren und sich gefügig zu machen. Die Schwäche seines Körpers gleicht er mit psychologischen Mitteln aus. Der Rattenkönig ist dem Schatten verwandt, doch ist er aktiver als jener.

*zit. n. Hedwig von Beit: Gegensatz und Erneuerung im Märchen. Bern, München 1983. S. 44

## 23 1G

# Schlange

*Erdgebundene Lebenskraft*

In der Wüste liegt gerollt um ein einzelnes Kraut die Schlange. Ihr Kopf ist erhoben und ihre stechenden Augen schauen dich an. Ihre gespaltene Zunge züngelt rot. Auf dem Kopf trägt sie ein mit Perlen besetztes Krönchen.
Ein Skorpion krabbelt an der Schlange vorbei. Am Himmel, über dem Kopf der Schlange, kreist der Adler.

**Deutung**

Die Schlange ist Symbol der erdgebundenen Energie und damit der Lebenskraft und Ge-

sundheit. Das wird durch das Kraut und den Skorpion angedeutet.
Eigentlich ist ihr Reich das Wasser, doch sie ist an Land genauso wendig und überlebt sogar in der Wüste. Sie verbindet Wasser und Erde auf magische Weise. So steht sie an der Wiege des Lebens, doch sie ist gefährlich, ihr Biss ist tödlich.
Im Werden und Vergehen bedeutet die Schlange den Urgrund, die Unterwelt, das Angst Erregende, das Triebhafte, die dunkle Mutter. Gleichzeitig steht sie für Sexualität und Fruchtbarkeit.
Zusammen mit dem Vogel, der hoch fliegt, symbolisiert sie den Gegensatz von Geist und Körper.

## 24 7F

# Uhu

*Ahnende Weisheit*

Im Finsterwald auf einem hohem Ast sitzt die Eule. Ein Auge hat sie geschlossen, das andere weit offen. Durch das Geäst im Hintergrund scheinen Schemen zu huschen. Auch die Silhouette einer düsteren Burg zeichnet sich ab.

**Deutung**
Die Eule steht für mythische Weisheit. Lebendiges Wissen erwirbt nur, wer auch die dunkle Seite des Lebens kennt – und ansieht, denn nur dadurch verliert die Angst ihre Macht.
Die Eule ist ein Nachtvogel, sie jagt im Reich der Schatten. Weil ihre Augen so empfindlich sind, schließt sie sie gern bei Tag. Die geschlossenen Augen sind das Bild des Sehers. Die Eule ist deshalb Symbol nächtlicher Weisheit, im Sinne des Seherischen und der Ahnungen.

## 25 7B

# Fuchs

*Vitale Schläue*

Der Fuchs steht auf seinen Hinterbeinen. Er trägt hohe rote Stiefel und einen roten Hut mit breiter Krempe und einer langen Feder. Sein rechtes Auge ist durch eine schwarze Binde verdeckt. Um den Bauch trägt er einen breiten Gürtel, darin steckt ein Dolch und daran hängt ein Beutel. Seine linke Hand ruht majestätisch auf einem derben Gehstock.

**Deutung**
Der Fuchs ist ein Überlebenskünstler. Er ist schlau und listig, aber auch verschlagen und hinterlistig. Er ist ein Räuber, aber nicht sehr kräftig. Das gleicht er durch Beweglichkeit und Vorsicht aus.

Er lebt am Rande der gängigen Moral, aber er ist auch hilfsbereit und steht zu seinen Freunden. Seine rote Farbe bringt ihn in Verbindung mit dem Teufel, der Fuchs hat etwas Dämonisches an sich. Er steht für Aufbrüche und Übergänge. Im mystischen Bereich gilt er als Seelenbegleiter.

## 26 6A

# Hahn

*Geheimnisvoller Übergang*

Auf einem Brunnenrand sitzt ein rostroter Hahn und kräht. Vor dem Brunnen liegt ein Krug, von dem der Henkel abgebrochen ist. Die Sonne steht gerade am Horizont. Geht sie auf oder unter? Links lodern Flammen aus dem Fenster eines Hauses und rechts verschwindet gerade der Teufel um die Ecke.

**Deutung**
Der Hahn markiert mit seinem Krähen den Übergang vom Dunklen zum Licht und vom Lichten zur Nacht. Deshalb ist er Orakeltier. Dass er auf dem Brunnenrand sitzt, zeigt ihn als Grenzwächter an der Schwelle zum Unbewussten und zum Jenseits. Sein feuriges Gefieder bringt ihn mit dem Feuerteufel in Verbindung.

## 27 2A

# Goldesel

*Verlockendes Glück*

Der Esel steht mit gespreizten Beinen in einem Stall, Kopf und Schwanz in die Höhe gestreckt. Er schreit sein lautes »Hi-ah, hi-ah«. Unter seinem Hinterteil liegt ein Tuch, darauf lässt er einen großen Haufen Goldmünzen fallen. Vorne stehen Essen und Trinken reichlich. Im Hintergrund lehnen ein Besen und ein Knüppel an der Wand. Durch die offene Stalltür schaut der Teufel um die Ecke.

**Deutung**
Dem Esel wird nachgesagt, er sei störrisch, dumm und faul. Deshalb stehen Besen und Knüppel bereit. Er gilt als Symbol des bösen Prinzips und der Geilheit. Auf dem Esel zu reiten statt auf einem Pferd, bedeutet nicht nur Demütigung, sondern auch Demut und Beherrschung der niederen Kräfte.
Durch Meisterung der niederen Kräfte wandelt sich Wertloses zum Wertvollen, dargestellt durch die Goldmünzen. Doch nur, wer stark genug ist, der Verlockung – symbolisiert durch den Teufel – zu widerstehen, wird das seltene Glück dauerhaft genießen können.

## 28 1B

# Wolf

*Gierige Einsamkeit*

Der Wolf trabt durch den herbstlichen Wald. Er ist alt und grau und zerzaust und einsam. Er hechelt und hat den Kopf geneigt, um zu schnüffeln. Er wirft einen langen Schatten. Ringsum ist kein lebendes Wesen zu erblicken.

**Deutung**

An sich ist der Wolf scheu. Aggressiv und angriffslustig ist er nur, wenn er Hunger wie ein Wolf hat. Kraft und Kühnheit zeichnen ihn aus, solange er jung ist. Wenn er alt wird, ist er einsam.

Der Wolf steht für den einsamen Wanderer durch das Jammertal des Lebens – und für den Wert von Freundschaft. Er ist ein Symbol für den alles verschlingenden Tod und für alles Wölfische in uns, wie Gier und Triebhaftigkeit, die uns zum einsamen Kämpfer machen.

## 29 1F

# Unke

*Mütterlicher Urgrund*

Am Rande eines Tümpels hockt die fette Unke. Sie trägt eine Brille und vor ihr liegt ein aufgeschlagenes Buch. Es ist Nacht. Mond und Sterne stehen am Himmel. Auf dem schwarzen Wasser des Tümpels tanzen Lichter. Am anderen Ufer, vor dem dunklen Hintergrund des Waldes ist die Silhouette der Hexe zu erkennen.

**Deutung**

Die Unke ist Symbol des mütterlichen Urgrunds. Sie kennt die Geheimnisse der Schöpfung, ihre Zeit ist die Nacht, ihr Raum der Vollmond und die silberglänzenden Sterne sind ihre Begleiter. Das alles verbindet sie mit der Hexe.

Ihre Giftwarzen machen die Unke gefährlich. Sie lebt im dunklen Grund des Teichs, aus dem die Babys kommen. Deshalb wird sie auch mit dem Uterus, mit Geburt und Mutterschaft in Verbindung gebracht. Nachts steigt sie aus dem Grund auf und liest im Buch des Lebens.

## 30 — 2G
# Perlmutt-Butt
*Schillernde Wünsche*

Auf dem weiten, weiten Ozean schwimmt der riesige Perlmutt-Butt. Er ist größer als der größte Walfisch. Seine Schuppen und Flossen schillern in Regenbogenfarben. Er liegt auf dem Wasser und sein Maul ist weit geöffnet. Ein Dreimaster segelt gerade winzig hinein wie in eine sichere Felsengrotte.

**Deutung**
Der Fisch symbolisiert den Reichtum des Meeres, aus dem alles Leben kommt. Er lebt in der geheimnisvollen, unergründlichen Tiefe des Ozeans, wo schillernde Schätze schlummern. Der Perlmutt-Butt ist König in diesem wässrigen Reich. Er verfügt über Zauberkraft, die jeden Wunsch in Erfüllung gehen lassen kann.
Doch seine Größe ist auch bedrohlich, so wie der Ozean bedrohlich ist. Das Leben, das er hervorbringt, verschluckt er auch wieder. Wer in das Geheimnis seines Inneren eingeht, kann nur verändert, geläutert wieder hervorkommen. Der Fisch ist deshalb auch Zeichen der Erlösung.

## 31 — 6G
# 7 Raben
*Schicksalhafte Gedanken*

In einer vergitterten Fensteröffnung sitzen sieben Raben vor nächtlichem Sternenhimmel.

**Deutung**
Der Rabe ist der Vogel der schwarzen Weisheit, ein Schicksalsvogel, ein Pechvogel. Das vergitterte Fenster deutet darauf hin. Doch selbst im Kerker sind die Gedanken, die Vögel symbolisieren, frei.
Die Siebenzahl verleiht dem Raben mythische Kraft. Er ist Berater Wotans, berichtet ihm vom Schicksal der Menschen und trägt sein Wort zu ihnen hinaus. Dann ist er ebenso Verkünder des Sieges wie Todesbote. Wer seine Sprache versteht, erfährt höheres Wissen.

# Geheimnisse

**Die dritte Gruppe** von Karten umfasst 18 Gegenstände, die eine besondere Kraft in sich tragen. Weil sich ihre Kräfte nur dem Wissenden erschließen, werden diese magischen Gegenstände Geheimnisse genannt. Ihre Namensschilder sind grün mit lila Rand, nur die *Tarnkappe* ist grau und *Der Apfelbaum* hat einen roten Rand.

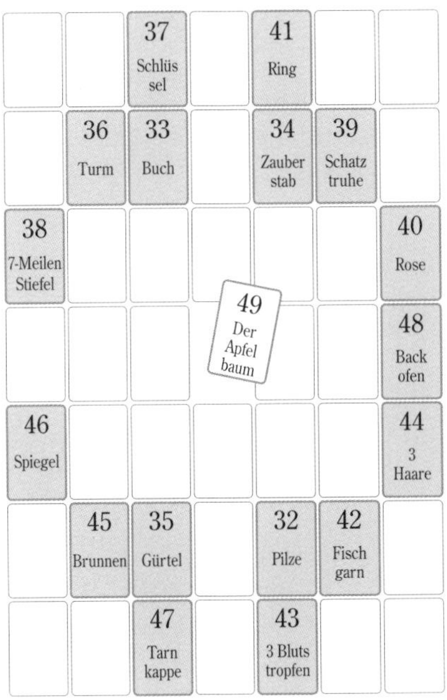

## 32 — 2C

## Pilze

### *Berauschende Illusionen*

Auf einer Wiese steht ein Kreis aus sieben Fliegenpilzen. Auf einem Pilz sitzt ein Vögelchen und pickt daran.

**Deutung**

Pilze werden mit Hexenkunst und Zauberei in Verbindung gebracht, weil ihre großen Fruchtkörper quasi über Nacht wie aus dem Boden gestampft erscheinen. Der eigentliche Pilz aber lebt verborgen im mystischen Dunkel der Erde. Niemand sieht ihn, niemand kennt ihn.

Viele Pilze dienen als Rauschmittel, sie sind deshalb magische Früchte. Hierzulande ist der Fliegenpilz ein bekanntes Beispiel. Manchmal breiten sich Pilze kreisförmig aus, was Hexenring genannt wird.

Als Vermittler von Rausch und Ekstase ist der Pilz sowohl ein Weggefährte zum Göttlichen, wie in die Hölle. Viele Pilzarten sind giftig. Was berauscht, ist in höherer Dosierung tödlich.

Wegen seines plötzlichen Erscheinens und der großen Fruchtbarkeit ist der (Glücks-) Pilz auch ein Glückssymbol. Der Schimmelpilz hingegen kündet von Verlust und Vergänglichkeit.

## 33 6E
# Buch
*Geronnenes Wissen*

Ein aufgeschlagener Foliant liegt auf einem Pult. Tinte und eine Schreibfeder stehen bereit. Hinter dem Tintenglas lugt ein kleines schwarzes Teufelchen hervor.

**Deutung**
Durch Aufschreiben in ein Buch werden Erfahrungen festgehalten und Nachfolgern mitgeteilt. Deshalb steht das Buch für Wissen, auch geheimes Wissen. Was aufgeschrieben ist, gibt Sicherheit. Das Buch ist deshalb auch Symbol der Orientierung.
In Büchern werden auch Verträge und Geldgeschäfte notiert, Schulden und Gewinne belegt. Deshalb bekommt das Buch auch schicksalhafte Bedeutung, wird zum Buch des Lebens, in dem das Todesjahr eines jedes Menschen aufgeschrieben ist.
Schreiben ist ein bindender Akt des Willens. Durch unterschreiben machen wir eine Aussage, Erklärung oder Vereinbarung verbindlich. Wer dem Teufel seine Seele verschreibt, muss das mit Blut tun.

## 34 6C
# Zauberstab
*Mächtiger Wille*

Aus einem Stab mit metallisch glänzender Spitze stieben Funken. Dahinter steht ein verkorkter Glaskolben, in den der Zwerg eingeschlossen ist.

**Deutung**
Der Stab ist Zeichen weltlicher, männlicher Macht im Gegensatz zur kosmischen, weiblichen Kugel. Als Szepter und Reichsapfel hält der König diese beiden Kräfte in seinen Händen und gleicht sie aus. Im tibetische Dorje sind Kugel und Stab vereint, der Stab durchdringt die Kugel oder geht aus ihr hervor.
Als Pfahl wird der Stab gepflanzt wie ein Baum. Der (Aeskulap-) Stab steht deshalb auch für den Lebensbaum, die vitale Kraft und die sexuelle Potenz. Im Zauberstab werden diese Elemente in die magische Dimension erweitert, das deuten die Funken an, die aus seiner Spitze stieben. Auch das ist eine erotische Andeutung, doch der Zauberstab sublimiert die sexuelle Energie, um sie für egozentrische Zwecke zu benutzen. Dieser Missbrauch wird durch den in den Glaskolben eingesperrten Zwerg symbolisiert. Der eine Teil der Persönlichkeit wird reduziert, um den anderen dadurch emporzuheben.

Der Zauberstab ist ein männliches Instrument zur Beherrschung der geistigen, mentalen Welt. Der reduzierte Mann (Zwerg) im Glaskolben (Uterus) ist als künstliches Wesen (Homunkulus) Zeichen für intellektuellen Übermut und den daraus hervorsprühenden Machbarkeitswahn.

## 35 2E

# Gürtel

*Verführerische Eitelkeit*

Ein Gürtel mit einer prächtigen Schnalle bildet einen Kreis. Ins Zentrum dieses Kreises ist ein Dolch gestoßen.

**Deutung**

Der Gürtel ist ein Symbol für männliche Kraft. Ein breiter Gürtel schützt die empfindliche Lendengegend. Bei Kampfsportarten (Boxen, Judo) werden Gürtel als Auszeichnung verliehen. Der Gürtel bindet an ein größeres Ganzes. Als magischer Gürtel verleiht er dem Träger übermenschliche Kräfte.

Der Gürtel ist aber auch ein Symbol weiblicher Verführung. Er ist ein Schmuck, der die Kleider zusammenhält. Den Gürtel zu lösen, ist eine einladende Geste.

Wer sich gürtet, beherrscht sich, indem er die unteren (körperlich-sexuellen) Regionen von den oberen (geistig-spirituellen) abgrenzt, -trennt oder -schnürt.

## 36 6F

# Turm

*Egoistische Entrücktheit*

Ein gemauerter Rundturm ragt in den nächtlich finsteren Himmel, der von grellen Blitzen erhellt wird. Auf der Spitze des Turms steht der Zauberer. Er hält seinen Zauberstab hoch. Es ist nicht ersichtlich, ob die Blitze vom Himmel herab- oder aus dem Stab hervorkommen, aber der Stab ist offensichtlich die magische Schnittstelle zwischen dem verfinsterten Himmel und dem beschwörenden Zauberer.

Von der Turmspitze weht die rot/grüne Fahne. Aus dem erleuchteten, offenen Fenster ist das Buch gefallen und der Rabe flattert aufgeregt davon.

**Deutung**

Der Turm ragt hoch in den Himmel. Wer im Turm wohnt, ist dem Irdischen entrückt, drückt aber gleichzeitig irdische Macht aus, denn der Turm ist ein uneinnehmbares Bollwerk.

Der Turm ist auch ein phallisches Symbol. Es geht um Macht und Einfluss, die durch geistige (mentale, spiritistische) Kraft gewonnen werden. Der Turm ist deshalb ein Symbol für das Ego, für den Willen, der auch mit magischen Kräften durchgesetzt wird.

Nach außen hin unbesiegbar droht dem Bewohner des Turms die Gefahr von innen. Durch seine aufragende Höhe zieht der Turm die strafenden Blitze des Himmels besonders an. Dem Magier mag es eine Zeit lang gelingen, die Blitze zu beherrschen, doch ein unbedachter Moment genügt und sein Turm stürzt ein. Das aus dem Fenster fallende Buch, Behälter des magischen Wissens, und der auffliegende Rabe deuten auf Verlust und Untergang hin.

## 37 7E

# Schlüssel

*Versperrter Aufschluss*

Ein gläserner Schlüssel hängt an einer blauen Kordel.

**Deutung**
Der Schlüssel ist ein Instrument, um Unbekanntes, die Geheimnisse des Unbewussten zu erschließen. Dieser Schlüssel ist aus Glas, also viel zu zerbrechlich, um ein gewöhnliches, ehernes Schloss zu öffnen. Die Kordel, an der er hängt, ist das Zingulum, der spirituelle Gürtel der Reinheit.
Wer den Schlüssel besitzt, hat die Schlüsselgewalt. Mit einem Schlüssel kann man einsperren oder befreien. Geheimes Wissen erlangt man nur, wenn man Schlüsselwörter (Zaubersprüche) kennt und magische Texte entschlüsseln kann.

## 38 5G

# 7-Meilen-Stiefel

*Gebundene Freiheit*

Ein graziler roter Pantoffel vor einem klobigen Stulpenstiefel.

**Deutung**
Wie der Fuß ist auch der Schuh, der ihn umhüllt, Sinnbild der Macht, des Rechts und Besitzes. Der Schuh vertritt die Person, die ihn trägt.
Sieben-Meilen-Stiefel befreien ihren Träger von der Bindung an Raum und Zeit, verschaffen ihm Zugang zur fernsten Ferne bis in die transzendente Dimension.
Der zarte Schuh oder weiche Pantoffel (in den der Fuß hineinschlüpft) ist dagegen ein bindendes, erotisches Symbol. Der Schuh ist Liebessignal, Liebespfand und Erkennungszeichen.

## 39 6B
# Schatztruhe
*Blendender Reichtum*

Eine Holztruhe mit schweren Beschlägen. Der Deckel ist einen Spalt angehoben. Im Inneren sind Schätze nur undeutlich zu erkennen, aber eine goldene Kette hängt halb heraus und auf dem Boden vor der Truhe liegen Münzen, Perlen und ein Karfunkelring.

**Deutung**
Der Schatz ist eine schwer erreichbare Kostbarkeit. Der Besitz des Schatzes bedeutet weltliche Macht. An sich haben Schätze aber keine praktische Bedeutung. Für den Alltagsgebrauch sind Schätze unwichtig. Ihr Wert ist mehr ideeller Natur und besteht hauptsächlich im Besitzen.
Der Schatz ist das, was einem am wertvollsten ist. Deshalb wird die geliebte Person ja auch Schatz genannt.
Die Große Mutter (Hexe) ist Hüterin aller Schätze, die in ihrem Schoß, der Erde, dem Berg, am Meeresgrund verborgen sind. Als Mutter Erde ist sie Erzeugerin aller Schätze.

## 40 5A
# Rose
*Gefühlvolle Gegensätze*

Eine einzelne rosa Rose ist voll erblüht. Es ist eine wilde Sorte mit vielen kleinen stachligen Stacheln am Stängel.

**Deutung**
Die Rose ist ein starkes Gefühlssymbol, das durch ihre Farbe nuanciert wird. Rosa steht für die zarte, reine Liebe. Die Rose ist ein Attribut der Geliebten. Die gebrochene Rose bedeutet den Verlust der Jungfernschaft.
Neben dem erotischen Aspekt ist die Rose aber auch – wie der Lotus – ein spirituelles Symbol für die göttliche Liebe. Das (spirituelle) Herz wird mit einer Rosenknospe verglichen, die erblüht und sich der Sonne öffnet und als fünfblättrige (Ur-) Rose symbolisch dargestellt.
Die Rose ist außerdem Gleichnis und Symbol, weil sie die Gegensätze in sich vereint: zartes Rosa und dunkles Grün; zarteste Blütenblätter und spitzige Dornen.

## 41 Ring 7C

*Bindende Verbundenheit*

Zwei verschlungene goldene Ringe, der etwas kleinere, feine ist mit einem Karfunkelstein geschmückt, der etwas kräftigere trägt das Siegel des Reichsapfels (Symbol der Erde).

**Deutung**

Der Ring steht für Verbindungen, Beziehungen und allgemein Zusammenhänge. Der Ehering ist ein Zeichen für das Band des Herzens und bedeutet Treue durch jegliche Wandlung hindurch. Nonnen tragen als Braut Christi einen Ring.

Der Ring ist auch Zeichen der Macht und der Herrschaft, zum Beispiel als Siegelring, Kaiserring oder Bischofsring. Ringe werden auch als Auszeichnung verliehen und stehen Orden gleich. Wunschringe und Ringe mit anderen magischen Fähigkeiten sind bekannt.

Der Ring ist aber auch ein Symbol der Gebundenheit, Verkettung und Unterwerfung, zum Beispiel als Ring, der einem durch die Nase gezogen wird.

## 42 Fischgarn 2B

*Listige Verstrickung*

Eine Jungfrau geht bloß in ein Netz gehüllt über einen gepflasterten Platz.

**Deutung**

Das Fischgarn (Netz) besteht aus einer Verstrickung von Fäden und wird ausgeworfen, damit sich jemand oder etwas darin verfängt. Das ist eine hinterlistige, tückische Methode. Die Gefährlichkeit des Netzes besteht in seiner undurchsichtigen Durchsichtigkeit.

Wenn jemand ein Netz von Kontakten spinnt, dann tut er es, um wie die Spinne im Netz zu sitzen und auf Beute zu warten. Wenn man jemandem ins Netz geht, ist man rettungslos verloren. Wenn eine Jungfrau ihr duftendes Netz von Andeutungen auswirft, dann will sie einen Junker umgarnen, um ihn für sich zu gewinnen.

## 43 1C
# 3 Blutstropfen
*Lebendige Bindung*

Drei Tropfen Blut auf einem weißen Lappen.

**Deutung**
Blut steht für das Lebensprinzip und symbolisiert seine verjüngende Kraft. Es ist rot wie Feuer und stark mit der Emotion verbunden. Das Hervortreten des Bluts symbolisiert deshalb das Bewusstwerden im Affekt. Blutstropfen symbolisieren auch die sexuelle Reife und die Fruchtbarkeit der Frau.
Blut ist eng mit dem Herzen verbunden und steht deshalb auch für die Liebe in der Familie, dem eigenen Blut. Die Qualität des Bluts (blau) weist auf Adel hin.
Im Blut wohnt die Essenz der Seele. Deshalb verschreibt man seine Seele dem Teufel auch mit Blut. Blut hat seine eigene Sprache, die von der Person unabhängig ist, und kann deshalb auch ohne sie, also *post mortem,* die Wahrheit sprechen.

## 44 3A
# 3 Haare
*Kreative Gefühle*

Eine goldene Haarlocke in einem silbernen Kamm verfangen.

**Deutung**
Das Kopfhaar steht für Schönheit und erotische Kraft. Nonnen opfern es, wenn sie das weltliche Leben verlassen. Es ist aber auch Symbol für die Kraft der Gedanken, Vorstellungen und Phantasien, die wie das Haar aus dem Kopf sprießen.
Haare verleihen Kraft und Würde. Sie sind sehr stark mit Gefühlen verbunden. Lange Haare sind wie Antennen, wie Millionen von Fühlern direkt auf dem Kopf. Sklaven und Gefangene werden kahl geschoren.
Mit der Locke besitzt man einen Teil des Menschen oder Tiers, und sind es gar drei Haare, dann verleihen sie uns magische Macht über ihren Eigentümer. So schenkt der Wolf zum Beispiel zum Dank drei Haare, mit denen man ihn jederzeit zu Hilfe rufen kann. Und wem es gelingt, dem Teufel seine drei (goldenen, also besonderen) Haare auszureißen, der gewinnt sogar Macht über den Leibhaftigen.

## 45 Brunnen 2F

*Tiefgründige Sehnsucht*

Auf dem Rand eines überdachten Brunnens steht ein Schöpfeimer. Vor dem Brunnen liegt ein Krug mit abgebrochenem Henkel. Neben dem Brunnen hockt die Unke.

**Deutung**

Der in dunkler Tiefe liegende Wasserspiegel des Brunnens wirkt wie ein magisch wissendes Auge. Das beruft ihn zum Zugang zum anderen Reich, dem Seelenland, dem weiten Feld des Hoffens und Ahnens. Der Brunnen ist Pforte zum Unbewussten, in die unterirdischen Zauberreiche, zur Welt des Todes und der langen Nacht.

Der Brunnen ist mit Spiegel und Teich oder Tümpel verwandt, denn auch er hat die spiegelnde Fläche und die beiden Seiten, die durch sie getrennt sind. Der Brunnenschacht als Korridor des Übergangs assoziiert aber auch den Geburtsvorgang, beziehungsweise den Übergang in ein anderes Dasein und Sein. Deshalb wohnen im Brunnen sowohl die ungeborenen Kinder, wie auch die noch nicht gestorbenen Toten.

## 46 Spiegel 3G

*Trügerischer Schein*

In einem großen Standspiegel mit barockem Rahmen zeigt sich ein unklares Bild, aber keine Person davor. Hinter dem Spiegel lugt der Teufel hervor.

**Deutung**

Der Spiegel ist Instrument der Bewusstwerdung. Er zeigt uns unser wahres Gesicht und ist deshalb Symbol des Erkennens und des *Ge*wissens.

Das Spiegelbild ist aber ein Gegenbild. Es zeigt eine andere Seite, den jenseitigen Doppelgänger oder einen die Wahrheit sprechenden Dämon. Und weil der Zauberspiegel wie ein Fenster ist, wird er auch zum Durchgang in die andere Welt.

Der Spiegel dient zur Offenbarung des Verborgenen, weist auf geheime Schätze hin, macht entfernte Personen, Plätze und Vorgänge sichtbar. So wird er zum Instrument der Neugier und Indiskretion. Dient er dazu, anderen etwas vorzuspiegeln, ist er ein Instrument der Lüge und des Verrats.

**47** 1E

## Tarnkappe

*Zwiespältige Lage*

Durch einen nächtlichen Wald schleicht ein matter Lichtkegel, darin ist schemenhaft eine Gestalt zu ahnen.

**Deutung**

Der Hut krönt die Person, bringt die verschiedenen Elemente einer Persönlichkeit sozusagen unter einen Hut, ist ihre Zusammenfassung, ihr Credo. Die Person wird durch den Hut gekennzeichnet, er gibt ihr Bedeutung (Doktorhut, Narrenkappe; Schlafmütze, Krone).
Im Hutsymbol verborgen liegt die Möglichkeit der Verpuppung und Wandlung. Die Tarnkappe drückt diesen Gestalt- und Gesinnungswandel aus, der mit einer gewissen Entrückung verbunden ist. Die Person unter der Tarnkappe wird unsichtbar, nicht aber die Tarnkappe.
Wer hätte sich nicht schon gewünscht, in bestimmten Situationen über eine Tarnkappe zu verfügen? Wer eine Tarnkappe hat, braucht sich um Regeln und Vorschriften nicht zu kümmern – denkt er.
Der Träger der Tarnkappe ist kein König, er ist graue Eminenz, hält sich selbst verborgen, will aber alles entdecken. Er ist Beobachter, Spion, Verräter. Im Tarnkappenzustand ist eine Person gespalten zwischen ihrer eigenen Realität und der Realität, die sie (unbemerkt) beobachtet, in der sie selbst aber nicht vorkommt, weil sie unsichtbar ist.
Die Tarnkappe ist deshalb Symbol einer geistigen Haltung, die auf paradoxe Art bestimmt-unbestimmt bleibt, um ungreifbar und damit unangreifbar zu sein. Es ist eine schizophrene Situation und die Versuchung ist groß, diese Möglichkeit zu egoistischen Zwecken und Verbrechen zu missbrauchen.

**48** 4A

## Backofen

*Zauberhafte Lebensquelle*

Ein Backofen dampft. Seine Klappe ist offen und frische Brote quellen überreich hervor.

**Deutung**

Im Backofen brennt das verzehrende und nährende Feuer des Lebens. Weil er in Form und Funktion dem nährenden und Reifungsvorgänge fördernden Mutterleib entspricht, ist er ein Symbol der Wandlung.
Der Backofen ist Aufenthaltsort mythischer Wesen, Ort von Orakeln und allerlei Zauber. Es werden Opfer an den Backofen gebracht, aus ihm werden Kinder wie Brotlaibe ge-

boren und kränkelnde Kinder werden in ihm wieder geheilt. Er gilt aber auch als Sitz der Totengeister, weil in ihm alles Alte verbrennt und als Neues aus ihm hervorkommt.

## 49 4D

# Der Apfelbaum

*Nährende Frucht*

Reifer Früchte voll hängt ein Apfelbaum. Viele der Äpfel sind schon ins Gras gefallen. Und unter dem Baum steht auch noch ein mit Äpfeln voller Korb. In der Krone des Apfelbaums sitzt das Kind.

**Deutung**

Der Baum wird mit dem Menschen verglichen; er steht aufrecht, wächst, trägt Früchte, vergeht usw. Die Krone des Baums berührt den Himmel, seine Äste umarmen die Welt und seine Wurzeln reichen bis tief in das Reich der Toten und der Riesen. So wird er als Weltenbaum oder Lebensbaum zum Symbol des Lebens an sich. Er ist mit dem Ursprung, der Lebensquelle und mit den entferntesten Räumen des Geistes verbunden.

Der Apfelbaum nimmt durch seine Fruchtbarkeit und Nahrhaftigkeit eine besondere Stellung ein. Er ist wie der Backofen ein Mutterbild. In Russland nennt man den Apfelbaum deshalb auch Mütterchen.

Der Apfelbaum ist Synonym für das Kind. Das Kind ist die Frucht, die Mütterchen Apfelbaum hervorbringt. Und gleichzeitig steht der Apfelbaum für die Frucht (Apfel), die das Kind nährt. Das Kind, der Apfelbaum und Mutter Erde bilden eine symbiotische Ganzheit. Das Kind sitzt geborgen im Geäst des Apfelbaums, der es wie die Plazenta mit dem Schoß der Erde innig verbindet.

# Vorschläge zur Verwendung im Einzelgespräch und in Gruppen

*von Xenia Busam*

**Ob als** Therapeut, Coach, Erzieher oder Pädagoge arbeiten Sie mit Menschen und gewiss setzen Sie dabei viele Methoden ein. Diese Vielfalt ermöglicht Ihnen, die Begegnung interessant und abwechslungsreich zu gestalten und sich der Persönlichkeit individuell zu nähern, deren Weiterentwicklung im Mittelpunkt Ihrer Arbeit steht. Deshalb lohnt es sich, das Repertoire immer wieder zu erweitern.

Nun, was haben Bildkarten mit Methodenvielfalt zu tun? Und wieso Märchen-Symbole? Um diese Fragen zu beantworten, lade ich Sie zu einem kleinen Selbstversuch ein. Breiten Sie die Märchen-Karten vor sich aus und lassen Ihren Blick über die Motive schweifen. Wählen Sie spontan eine Karte aus, die Sie anspricht.

Betrachten Sie das zentrale Motiv: Ist es eine Figur, ist es ein Tier oder ein Gegenstand? Welche Details entdecken Sie auf den zweiten Blick? Wie ist die farbliche Gestaltung?

Wenn Sie diese Fragen für sich beantwortet haben, überlegen Sie: Warum habe ich ausgerechnet diese Karte gewählt und was hat mich angesprochen?

Wahrscheinlich haben Sie eine Karte gewählt, die eine Erinnerung berührt. Dies kann durch die Farbgebung ausgelöst sein, durch das Motiv selbst oder einfach nur durch die Bildaufteilung.

Erinnerungen sind immer mit Emotionen verbunden. Und wenn ein Bild eine solche Emotion weckt, ist es zu einem persönlichen Symbol geworden, Ihr Symbol, das für ein persönliches Gefühl steht.

In den Märchen finden sich viele solcher Bilder, die uns zu Symbolen geworden sind. Behutsam gedeutet, können sie Schlüssel werden, die verschlossene oder vergessene Türen öffnen. Und hinter diesen Türen findet sich ein Schatz an angenehmen oder auch unangenehmen Emotionen, mit denen Sie in Training oder Therapie konstruktiv und kreativ weiterarbeiten können.

## Gehen Sie pädagogische Wege

**1** Nutzen Sie die Bildkarten, um die Teilnehmer für die Gruppenarbeit anzuwärmen. Dabei stehen Bewegung und Spaß im Mittelpunkt. Anregungen hierzu ab Seite 51.

**2** Nutzen Sie die Märchen-Symbole gemeinsam mit Ihren Teilnehmern und Schülern für die Betrachtung ihrer individuellen Lebenswirklichkeit.

Formulieren Sie konkrete Fragen, die anregen, nach einer Verbindung zwischen Bildern aus der Märchenwelt und den eigenen alltäglichen Erfahrungen zu suchen. Dies mag zunächst unsinnig erscheinen, tatsächlich aber öffnet es den Blick für die vielen märchenhaften Facetten der eigenen Realität. Auf dieser Suche nach Parallelen vollzieht sich ganz automatisch ein Perspektivenwechsel, der den eigenen Horizont erweitert. Anregungen hierzu ab Seite 57.

**3** Nutzen Sie die Karten als Impulsgeber, um in der Gruppe gemeinsam Geschichten und Märchen zu erfinden.

Märchen-Karten zufällig aufgedeckt oder absichtsvoll ausgewählt werden Schritt für Schritt zu einer spontan erfundenen Geschichte. Erzählblockaden entstehen erst gar nicht, freies Fabulieren wird als lustvoll erlebt. Anregungen hierzu ab Seite 64.

Diese Methoden fördern Phantasie und Spielfreude und geben positive gruppendynamische Impulse.

## Gehen Sie therapeutische Wege

Im therapeutischen Setting geht es oft darum, Sprechanlässe zu schaffen. Diese Sprechanlässe sind die Grundlage für die angestrebten persönlichen Entwicklungen. Im Mittelpunkt steht der Klient und die von ihm negativ empfundene Lebenssituation, seine inter- und intrapersonellen Konflikte. Jeder, der zu Ihnen kommt, hat Leidensdruck, und sein Wunsch ist, die eigene Lebensqualität zu verbessern. In diesem Prozess geht es unter anderem um eine Bewusstwerdung der eigenen Schattenanteile und um die Erweiterung der eigenen Handlungsmöglichkeiten.

Eine direkte Konfrontation mit solchen als belastend erlebten Seiten der eigenen Persönlichkeit ist nicht immer möglich. Zu groß sind unter Umständen die zugrunde liegenden Verletzungen. Es bedarf einer Distanz, die den Klienten schützt und ihm dennoch ermöglicht, weiter an seiner Entwicklung zu arbeiten. In solchen Situationen hilft die Arbeit mit Märchen. Der Klienten wird in eine Parallelwelt geführt. Zwar wird sein Thema im Märchengeschehen erzählt und mit Märchensymbolen illustriert, doch es bleibt ihm belassen, wie tief er in das Erleben einsteigen will.

In der Märchenarbeit schlüpft der Klient intuitiv in die Rolle des Helden, wie er dies schon als Kind getan hat. Er durchlebt seine Konflikte und Auseinandersetzungen stellvertretend in der Rolle der Märchengestalt. So ist das Märchen Anstoß für persönliche Entwicklung und Schutzraum in einem.

Nehmen wir das Märchen »Der Froschkönig«, um zu zeigen, wie sich mögliche brandaktuelle Themen in einer solchen Parallelwelt darstellen.

Jedes Märchen zeichnet einen Entwicklungsweg und behandelt verschiedene elementare Lebensthemen. Im Froschkönig sind das die Verteidigung der eigenen Grenzen und das Aufbegehren gegen unmenschliche Normen.

Ein Märchen beginnt mit der Schilderung einer Situation, die für den Helden (den Protagonisten des Märchens, der natürlich auch weiblich sein kann) so nicht mehr tragbar ist. Diese sogenannte Notsituation ist Anlass, sich auf den Weg zu machen. Der Schritt hinaus in die Welt markiert den Anfang einer Entwicklung.

In unserem Beispiel hat die Prinzessin ihren goldenen Ball verloren und muss nun etwas dafür hergeben, um ihn zurückzubekommen. Sie gibt das Versprechen, den Frosch als Gesellen und Spielkameraden zu nehmen, mit allem, obwohl Sie nicht absehen kann, was dies in letzter Konsequenz bedeutet.

Ein Weg wird beschritten, in dessen Verlauf Gestalten und Personen auftauchen, die den Helden auf unterstützende Weise voranbringen, wie der Frosch, der den goldenen Ball aus dem Brunnen empor holt, oder ihn hart konfrontieren, wie der Vater, der fordert, ein gegebenes Versprechen nicht zu brechen. Und am Ende geht der Held, hier die Prinzessin, gestärkt aus all den Widrigkeiten hervor.

Im Froschkönig verlangt der Vater von seiner eigenen Tochter, den Frosch, Verkörperung des Männlichen, mit in ihr Bett zu nehmen, ohne darüber nachzudenken, ob die Forderung des Frosches an die Prinzessin angemessen ist. Und als die Prinzessin erkennt, dass sie ihr Versprechen nicht einhalten kann, dass es sie überfordert, knallt sie den Frosch an die Wand. Welch eine Befreiung von alten Botschaften!

Wer A sagt, muss nicht zwingend B sagen. Er kann auch merken, dass A falsch war. Sicherlich erkennen Sie dabei eine Vielzahl vertrauter Gefühle, Handlungsmuster und Situationen, die Ihr Klient unter Umständen noch nicht erkannt hat oder vor denen er noch die Augen verschließt.

## Hinweise für Ihre therapeutische Arbeit

Ihre Aufgabe als Therapeut ist, ein geeignetes Märchen zu finden. Entweder Sie bieten Ihrem Klienten ein Märchen an, das Ihrer Meinung nach sein aktuelles Thema in verschlüsselter Form beschreibt. Rührt das angebotene Märchen beim Klienten etwas an, können Sie die Märchen-Karten nutzen, um damit seine inneren Bilder anzuregen. Oder Sie nutzen die Märchen-Karten, damit sich Ihr Klient an ein Kindheitsmärchen erinnert. Jedes erinnerte Märchen wird tatsächlich eine Facette des aktuellen Themas zum Inhalt haben.

Das auf die eine oder anderer Weise gefundene Märchen hat für den Klienten auf den ersten Blick nichts mit seiner Realität zu tun. Doch wenn er sich in die Handlung hineinversetzen kann, wird er sich in den Bildern des Märchens intuitiv wiederfinden. Ihre Aufgabe ist dann, den Klienten so durch das Erleben hindurchzuführen, dass er sich in dieser Märchenrealität frei bewegen, sich ausprobieren und Erfahrungen sammeln kann. Abschließend unterstützen Sie ihn dabei, eigene Themen zu betrachten, zu analysieren und neue Verhaltensmuster zu entwickeln. In diesem Prozesses erkennt der Klient auch, dass sein eigenes Thema zutiefst menschlich ist und schon »in den alten Zeiten« Menschen beschäftigt hat. So fühlt er sich auf seinem Suchweg nicht allein. Das reduziert Ängste und verhindert Blockaden.

Die Märchen-Karten ebnen den Weg in die Märchenwelt. Im Folgenden finden Sie vielfältige, handlungsorientierte Methoden, in deren Zentrum der Rollenwechsel steht. Der Klient schlüpft in die Rolle eines Märchensymbols. Er nimmt die Körperhaltung ein, die er dem Symbol (Figur, Tier oder Gegenstand) zuschreibt. Er bewegt sich und handelt wie dieses. Sowohl seelisch-emotional (Herz-Ebene), wie auch geistig-intellektuell (Kopf-Ebene) und körperlich-sinnlich (Körper-Ebene) erkennt er seine unbearbeiteten Themen und erlebt mögliche Handlungsalternativen, die ihm bislang so noch nicht bewusst waren. Dieses Vorgehen, das seine therapeutischen Wurzeln im Psychodrama hat, ist nicht mit Theaterspiel zu verwechseln. Der Rollenwechsel ist ein Instrument der Empathie. Er ist einfach und doch sehr wirkungsvoll.

## Zwei Wege

Bei der Arbeit mit Märchensymbolen können Sie zwei Wege gehen, den individuellen oder den kollektiven.

**1** Ergründen Sie gemeinsam mit dem Klienten die individuelle Bedeutung, die er einem Märchensymbol intuitiv zuordnet.

Ganz gleich, wie tief ein Märchen und dessen Symbole einen Klienten ansprechen, der Erkenntnisprozess kann immer auf zweierlei Ebenen stattfinden. Zum einen auf der **Objektstufe.** Die als bedeutsam empfundenen Märchensymbole, ganz gleich ob Figur, Tier oder Gegenstand, erinnern den Klienten an reale Personen und Situationen. Vielleicht erkennt er im König seinen eigenen Vater, der dominant auf der Einhaltung von Regeln beharrte. Oder die Erlebnisse der Prinzessin erinnern eine Klientin an eigene erste Erfahrungen mit dem anderen Geschlecht.

Auf der **Subjektstufe** kann der Klient die Märchensymbole als innere Vorgänge oder Persönlichkeitsanteile erleben. Viele Charaktere im Märchen entsprechen bekannten Typen: der gute König, die böse Stiefmutter, der arme Dummling, die fette Itsche (Kröte). Alle sind so neutral beschrieben, dass sie Projektionsfläche für das eigene Erleben bieten. So werden sie zum Symbol. Der Frosch steht dann zum Beispiel für die eigene unerlöste Männlichkeit (Animus), die Ball spielende Prinzessin für den Aspekt der eigenen unreifen Weiblichkeit (Anima). Erfahren wird dies nicht in der Analyse des Symbols, sondern im Spiel, wenn Sie Ihren Klienten in das Erleben der eigenen inneren Persönlichkeitsanteile führen, wie es die nachfolgend beschriebenen Methoden ermöglichen.

Stellen Sie sich die Bremer Stadtmusikanten vor. Wie vergnüglich kann es sein, den eigenen inneren Esel zu Wort kommen zu lassen. Was der wohl zu schreien hat? Welche Macht hat dieses Tier in mir? Seit wann gibt es einen solchen lauten Anteil in mir? Oder ist es eher der Hahn, der laut und schrill seine Meinung kund tut? Innere Persönlichkeitsanteile werden lebendig und teilen verborgene Wünsche, Nöte und Ansprüche mit.

Ziel der Arbeit mit den Märchensymbolen ist, die Wurzeln dessen zu betrachten, was Ihre Klienten belastet. Dann ist Erkennen und Veränderung möglich. Anregungen hierzu ab Seite 74.

**2** Nutzen Sie die universelle Symbolbedeutung, um Ihrem Klienten Impulse zu geben.

Wenn Ihr Klient in manchen Situationen keine Assoziationen zu den Symbolen hat, greifen Sie auf die universelle Bedeutung der Symbole (basierend auf dem kollektiven Unbewussten) zurück. Damit geben Sie Ihrem Klienten einen Impuls. Er wird entscheiden, ob die Deutung für ihn stimmt oder nicht. Eine Beschreibung der universellen Bedeutung der Symbole finden Sie in diesem Handbuch.*

Ganz gleich, wie sie die Märchen-Karten verwenden, sie helfen Ihren Klienten, die Tür zu den eigenen Gefühlen zu öffnen und neue Perspektiven klarer zu sehen. Die nachfolgend beschriebenen Methoden

- stoßen Kreativität an
- bieten der Gruppendynamik eine stabile Grundlage
- bringen aktuelle Themen der Teilnehmer/Klienten in den Fokus

ganz unabhängig davon, ob Sie nun pädagogische oder therapeutische Wege gehen wollen.

*Tieferen Einblick in die Bedeutungen in Bonin, Felix von: Wörterbuch der Märchensymbolik. Ahlerstedt 2009. Dort finden Sie zu 1600 Stichwörtern Verweise auf bekannten Märchen.

# Gehen Sie pädagogische Wege

Alle Methoden in diesem Kapitel gliedern sich in

⊗ **Impuls**
⊙ **Arbeitsphase** und
● **Abschluss**

Jede dieser Sequenzen kann auch als Anwärmung für weiterführendes therapeutisches oder pädagogisches Arbeiten genutzt werden.

## Spielerische Anwärmungen

Ziel der Methoden in diesem Abschnitt ist, spielerisch mit den Märchen-Karten vertraut zu werden. Die Teilnehmer üben, in Märchenrollen hineinzuschlüpfen, und wagen einen ersten Schritt in die Märchenwelt. Es darf gelacht und gekichert werden.

### ■ Schön, dich zu sehen

🕒 etwa 15–20 Minuten

✋ 8–20 Teilnehmer und mehr

☐ großer Raum (ein Tisch und ausreichend Stühle stehen vorerst am Rand)

✂ Märchen-Karten 1–31 (Figuren und Tiere)

⊗ **Impuls**

Mischen Sie die Karten und legen sie in zwei Stapeln (A und B) vor sich auf den Tisch. Bitten Sie die Teilnehmer, zwei gleich große Gruppen (A und B) zu bilden. Bei ungerader Teilnehmerzahl, ist ein Teilnehmer Ihr Assistent. Beide Gruppen stellen sich jeweils in einer Reihe frontal zueinander auf. So kann jeder einem direkten Gegenüber ins Gesicht schauen. Die beiden Reihen müssen so weit wie nur möglich auseinander stehen (etwa drei Meter). Ist genug

Platz vorhanden, sollte jeder Teilnehmer rechts und links von sich eine Armlänge Platz haben.

## ⊙ Arbeitsphase

Decken Sie von jedem der beiden Stapel die oberste Karte auf. Haben Sie einen Assistenten, so decken Sie Stapel A und er Stapel B auf. Nennen Sie das gezogene Symbole laut und vernehmlich. Die Karte von Stapel A gibt den Teilnehmern der Gruppe A eine Märchenrolle vor, in die sie schlüpfen sollen, die Karte vom Stapel B den Teilnehmern der Gruppe B. So stehen sich zum Beispiel jeweils ein Wolf und ein Zwerg gegenüber.

Die Teilnehmer gehen nun als diese vorgegebenen Gestalten aufeinander zu, begegnen und begrüßen sich. Dabei spricht jeder: »Schön dich zu sehen!« Körperhaltung, Bewegungen, Sprechweise und Stimme entsprechen der Gestalt (Figur oder Tier). Selbstverständlich kann ein Wolf das auch auf zwei Beinen tun, keiner muss auf allen Vieren gehen. Nachdem alle den Satz ausgesprochen haben, verabschieden sich die Gestalten mit einem kurzen Blick und einem Nicken und gehen zu ihrem Ausgangspunkt zurück. Dabei legen sie die Rolle ab, indem sie die Arme kräftig ausschütteln und wiederholt mit lautem Schnauben ausatmen.

Nun decken Sie als Spielleitung das nächste Kartenpaar auf und die Paare gehen wieder aufeinander zu. Das machen sie so oft, bis nur noch eine Karte übrig ist. In dieser letzten Begegnung schlüpfen beide in die gleiche Rolle. So begegnen sich lauter gleiche Gestalten und vollenden die Übung, indem sie die Begrüßungsformel aussprechen und darüber hinaus mit dem Gegenüber ins Gespräch kommen: »Schön dich zu sehen. Was machst du denn hier?« Die Länge dieses Gesprächs können Sie den Bedürfnissen entsprechend bemessen, zwei Minuten sollten es aber mindestens sein.

## ● Abschluss

Abschließend schütteln alle Teilnehmer wieder ihre Rolle von sich ab. Dann holt sich jeder einen Stuhl. Im Sitzkreis können folgende oder ähnliche Frage gestellt werden:

**1** Wie haben Sie den schnellen Rollenwechsel empfunden?
**2** Wie waren die Begrüßungen?
**3** Welche Begegnungen waren bemerkenswert und warum?

## ■ Hallo, Herr Nachbar

🕒 etwa 10–20 Minuten und Vorlesezeit abhängig vom gewählten Märchen

✋ 4–10 Teilnehmer und mehr

☐ großer Raum mit einem Sitzkreis

✂ ein kompletter Satz Märchen-Karten

### ⊗ Impuls

Legen Sie alle Karten aufgedeckt im Kreis innerhalb des Sitzkreises aus. Dann lesen Sie ein klassisches Märchen Ihrer Wahl vor (zum Beispiel Sneewittchen).

### ⊙ Arbeitsphase

Wenn Sie das Märchen vorgelesen haben, bitten Sie die Teilnehmer, sich eine Karte auszuwählen: »Indem Sie eine Karte zur Hand nehmen, werden Sie zu dem, was die Karte zeigt. In dieser Gestalt leben Sie schon seit vielen, vielen Jahren in direkter Nachbarschaft, zu Sneewitchens Königreich (unser Beispiel). Heute ist der Zeitpunkt gekommen, an dem Sie frei ihre Sicht der Dinge äußern dürfen. Bewerten Sie aus der Sicht Ihrer gewählten Karte das facettenreiche Verhalten der Hauptfigur im vorgelesenen Märchen (hier Sneewitchen).«

Der Wolf beschwert sich beispielsweise, Sneewittchen habe ihn ignoriert. So etwas sei ihm sein Lebtag noch nicht vorgekommen. Beim nächsten Mal werde er es fressen.

Als Spielleitung fordern Sie direkt zu Stellungnahmen auf. Stoßen Sie die Tratschrunde an. Fragen Sie zum Beispiel den, der die Karte *Brunnen* gewählt hat: »Woher kennt der Brunnen Sneewittchen?« Oder in die Runde gefragt: »Was meinen Sie, hat Sneewittchen wirklich ein so gutes Herz?« Oder: »Ich hab gehört, Sneewittchen kann sich die Namen der *7 Zwerge* nicht merken. Stimmt das?«

Ermuntern Sie die Teilnehmer: »Tratschen Sie ordentlich drauflos! Sprechen Sie andere Rollen direkt an, denn jeder bewertet die Situationen und Entwicklungen in diesem Märchen anders.«

Kommt das Gespräch ins Stocken, bringen Sie es durch gezielte Fragen wieder in Gang. Wenn die Kreativität des Gesprächs nachlässt, beenden sie die Übung.

### ● Abschluss

In einer sehr knappen Feedback-Runde können Sie besprechen, wie individuell die Konturen der Märchengestalten gezeichnet wurden. Es wird deutlich, dass alle Märchengestalten positive und negative Seiten haben können.

## ■ Wer bin ich?

🕒 etwa 10 Minuten

✋ 8–20 Teilnehmer und mehr

☐ Ein großer Raum mit einem Tisch

✂ alle Karten aus dem Märchen-Kartensatz, die sich sofort und eindeutig einem der bekannteren Märchen zuordnen lassen, ein Block Klebezettel und für jeden Teilnehmer einen Stift und eine Wäscheklammer

### ⊗ Impuls

Legen Sie die Karten verdeckt auf dem Tisch aus. Alle Teilnehmer erhalten einen Klebezettel. Dann zieht jeder eine Karte, ohne dass andere das Motiv sehen können. Jeder notiert auf seinem Zettel das Märchen, zu dem seiner Meinung nach das Motiv gehört. Der Klebezettel wird unten an die Bildseite der Karte geklebt und einem beliebigen anderen Teilnehmer mit Hilfe der Wäscheklammer hinten an den Kragen geheftet. Keiner kennt also das am eigenen Kragen befestigte Motiv, alle anderen können es sehen.

### ⊙ Arbeitsphase

Nun gehen alle durch den Raum und suchen sich einen Partner. Dann versucht jeder durch Ja/Nein-Fragen von seinem Partner herauszubekommen, welches Motiv auf seinem Rücken befestigt ist, welche Rolle er selbst unwissentlich verkörpert. Wer an der Reihe ist, darf so lange fragen, bis die Antwort seines Partners Nein ist. Dann darf der raten, bis er als Antwort ein Nein bekommt. Nach etwa zwei Minuten fordern Sie auf, dass sich alle einen neuen Partner suchen. Wer seine Rolle erraten hat, darf seine Karte vom Kragen entfernen und betrachten. Er muss dann nicht mehr raten und beantwortet nur noch die Fragen seines ratenden Gegenübers.

● **Abschluss**

Wenn alle Rollen erraten sind, stellen sich die Teilnehmer im Kreis zusammen und nennen einer nach dem anderen laut ihre Rolle. Manchmal ergibt sich ein Gespräch darüber, wie das Erraten verlaufen ist. Das muss aber nicht sein.

## ■ Von Hand zu Hand

🕒 etwa 15–20 Minuten

✋ 12–24 Teilnehmer und mehr

☐ Ein großer Raum

✂ ein kompletter Satz Märchen-Karten

⊗ **Impuls**

Mischen sie die Karten und teilen jedem Teilnehmer eine zufällige Karte aus. Jeder soll sich überlegen, was eine besondere Qualität des Motivs ist, das er bekommen hat.

⊙ **Arbeitsphase**

Die Teilnehmer gehen mit dieser Karte durch den Raum und begegnen anderen Teilnehmern. Wenn sich zwei treffen, stellen sie sich vor »Ich bin *[Märchenmotiv]* und ich bin/habe/kann *[zugeordnete Qualität]*.« Zum Beispiel: »Ich bin der Pilz und ich bin giftig.«

Halten Sie die Teilnehmer dazu an, die genannte Qualität nicht nur zu nennen, sondern durch eine Geste zu verdeutlichen. Das Gegenüber betrachtet und hört zu und stellt dann sein eigenes Märchenmotiv mit seiner Qualität samt der dazugehörigen Geste vor.

Danach tauschen die beiden ihre Karten und gehen nun mit der neuen Karte im Raum spazieren. Dabei behalten sie die zuvor vermittelte Qualität im Gedächtnis. Auf dem Weg durch den Raum überlegen sie sich zusätzlich eine weitere Qualität. Wenn sie einen neuen Partner gefunden haben, teilen sie dem nun beide Qualitäten mit, also zum Beispiel: »Ich bin der Pilz und ich bin giftig und schmackhaft.« Beide Qualitäten werden durch jeweils eine Geste dargestellt.

Auch der Partner stellt sein Motiv mit zwei Qualitäten vor. Danach werden die Karten wieder getauscht und jeder geht mit seiner neuen Karte und zwei Qualitäten weiter, zu denen er sich nun eine dritte überlegt. Das können Sie fortführen, bis jeder Teilnehmer zu seiner Karte fünf Qualitäten hat. Wichtig dabei ist, dass die Qualitäten nicht nur benannt, sondern auch mit jeweils einer passenden Geste zum Ausdruck gebracht werden.

### ● Abschluss

Alle gehen still durch den Raum und vergegenwärtigen sich ihr aktuelles Märchenmotiv. Lassen Sie dafür etwa zwei Minuten Zeit. Dann versammeln sie die Gruppe im Kreis und jeder reihum stellt sich mit seinem Märchenmotiv und den fünf Qualitäten vor.

Danach sammeln Sie die Karten ein und leiten die Teilnehmer an, ihre Rolle abzuschütteln. Ein kurzer Erfahrungsaustausch beschießt die Übung.

# Perspektivwechsel

## ■ Die Situationskarte

➜ Kontaktaufnahme
➜ Aktivierung der Kreativität
➜ Gruppendynamik wird angestoßen

🕒 30–50 Minuten

✋ 10–25 Teilnehmer und mehr

☐ Sitzkreis in einem großen Raum mit 3–4 Tischen an der Wand

✂ ein kompletter Satz Märchen-Karten

### ⊗ Impuls

Legen Sie alle Karten aufgedeckt auf den Tischen aus und bitten die Teilnehmer, sich bewusst eine Karte auszusuchen. Sie können den Verlauf steuern, indem Sie *einen* eindeutigen Arbeitsauftrag formulieren. Idealerweise führt die Frage direkt zum Thema des Seminars oder der Stunde. Die Teilnehmer sind im Handumdrehen in die Arbeit vertieft. Drei Beispiele für eine solche Frage:

»Schauen Sie sich die Karten an und haben dabei den Gedanken im Hinterkopf:

**1** So fühle ich mich in meiner aktuellen Situation.
**2** So fühle ich mich im Augenblick.
**3** So geht es mir immer in Konflikten.

Wählen Sie eine Karte, die am besten zu Ihrem Gedanken und Ihren Gefühlen passt.«

### ⊙ Arbeitsphase

Wenn jeder eine Karte genommen hat, bitten Sie die Teilnehmer, Zweiergruppen zu bilden und sich über ihre Wahl auszutauschen: »Bitte sprechen Sie darüber, warum Sie gerade diese Karte ausgewählt haben.«

Nach etwa acht Minuten stehen die Teilnehmer auf, legen ihre Karte auf ihren Stuhl und schlüpfen in die Rolle des Symbols auf ihrer Märchen-Karte. Im freien Improvisieren nehmen sie Haltung, Sprechweise und Bewegungsart des Märchensymbols an. Natürlich ist Phantasie gefordert, wenn es gilt, einer Feder oder einem Brunnen auf diese Weise Leben einzuhauchen. So flanieren die Teilnehmer durch den Raum oder suchen sich einen festen Ort.

Auf Ihrem Weg durch den Raum erleben sich die Teilnehmer in ungewohnter Rolle und begegnen ungewohnten Gestalten. Ihre Aufgabe ist, mit anderen in Kontakt zu gehen und gegebenenfalls ins Gespräch zu kommen.

Nachdem sich die Teilnehmer so ein wenig warmgelaufen haben, sollen sie nach Ähnlichkeiten suchen: nach einem ähnlichen Gefühl, einem ähnlichen Motiv, einem ähnlichen Ziel. Teilnehmer mit einer Ähnlichkeit bilden eine Gruppe. Auf diese Weise ergeben sich Gruppen unterschiedlicher Stärke. Vertrauen Sie darauf, dass sich dieser Prozess selbst reguliert. Manche Teilnehmer tendieren dazu, kleine Gruppen (2–3 Personen) zu bilden, andere finden zu größeren Gruppen (4–5) zusammen.

Wenn alle Teilnehmer in einer Gruppe sind, geben Sie folgenden Impuls: »Bitte tauschen Sie sich darüber aus, was der Grundgedanke ihrer Gemeinsamkeit ist, und formulieren diesen Gedanken aus, zum Beispiel: »Wir kommen nie zu Wort.« Oder: »Freiheit ist uns sehr wichtig.«

Wenn Sie wahrnehmen, dass dieser Prozess abgeschlossen ist, geben Sie die Anweisung: »Bitte überlegen Sie sich, wie Sie diese Aussage pantomimisch ausdrücken können.«

Nach einer von Ihnen vorgegebenen Zeit für die Entwicklung der pantomimischen Darstellung finden alle Gruppen im Plenum zusammen. Ein Bereich des Raums wird als Bühne definiert. Hierzu sind keine Markierungen notwendig. Es genügt schon, alle Stühle aus diesem Bereich zu entfernen, um so eine Bühne zu schaffen. Nacheinander führen die Gruppen ihre Pantomime vor und das Plenum ist gefordert zu erraten, was die Spieler ausdrücken wollen.

## ● Abschluss

Die Teilnehmer kommen in einer Runde zusammen und tauschen

sich über ihre Erfahrungen aus. Sie können den Austausch durch Fragen anregen, etwa:

- »Wie waren Ihre Begegnungen in der Rolle der Märchen-Karte?«
- »Was konnten Sie in diesen Begegnungen erfahren?«

## ■ Das Märchenorakel

Diese Methode eignet sich wunderbar als Arbeitseinstieg für Gruppen, deren Teilnehmer sich bereits kennen und die mit Märchen vertraut sind.

➜ bei sich selbst ankommen
➜ die Intuition wecken
➜ die emotionale Ebene direkt erreichen

🕒 10–20 Minuten

✋ 6–20 Teilnehmer und mehr

☐ Sitzkreis, 3–4 Tische an der Wand des Raums

✂ ein kompletter Satz Märchen-Karten

### ⊗ Impuls

Legen Sie alle Karten verdeckt auf den Tischen aus. Führen Sie die Teilnehmer mit folgenden Worten an die Aufgabe heran: »In Griechenland gab es vor langer, langer Zeit das Orakel von Delphi. Dort wurde geweissagt. Die hier ausgelegten Karten sind das Orakel von *[Name des Ortes, an dem Sie gerade sind]*. Mit Hilfe dieses Orakels kann jeder seine aktuelle Befindlichkeit besser erkennen: Wahrscheinlich haben sich die Wenigsten unter Ihnen in der letzten Stunde bewusst Gedanken darüber gemacht, wie sie sich fühlen. Die Märchen-Orakelkarte, die Sie nun intuitiv aus den verdeckt ausliegenden Karten ziehen werden, zeigt Ihnen ein Symbol für das, was Sie bei sich selbst noch unklar und diffus wahrnehmen. Das Orakel gibt Ihnen Aufschluss darüber, wie es Ihnen im Augenblick geht. Mancher wird seine Orakelkarte direkt deuten können, mancher wird sie auf den ersten Blick nicht verstehen. Lassen Sie sich überraschen – greifen Sie zu! Drehen Sie die Karte sofort um, damit das Motiv zu sehen ist.«

### ⊙ Arbeitsphase

Bitten Sie die Teilnehmer, sich einen (vertrauten) Arbeitspartner zu suchen und sich über die Orakelkarten auszutauschen. Regen Sie an: »Beschreibt das Bild auf der Karte tatsächlich Ihr aktuelles Befinden? Wenn ja, wodurch? Wenn nein, stellt das Symbol vielleicht das genaue Gegenteil Ihrer Befindlichkeit dar und gibt somit auch Aufschluss?«

Manchmal hilft es, wenn der Arbeitspartner nach der logischen Verbindung zwischen Befindlichkeit und Symbol sucht. Aus der Distanz ist der Blick meist analytischer.

### ● Abschluss

In der abschließenden Feedback-Runde ist ein Schutzraum wichtig. Stellen Sie jedem frei, ob er seine Eindrücke preisgeben will: »Wer möchte kann erzählen, welche Erkenntnisse ihm die Orakelkarte gebracht hat.«

## ■ Wir sind Helden[1]

➜ Kontakt aufnehmen
➜ Kreativität aktivieren
➜ eigene Ressourcen entdecken

🕒 80–90 Minuten

✋ 6–20 Teilnehmer und mehr

☐ Sitzkreis in einem großen Raum und genug Platz für Kleingruppenarbeit (Nebenräume)

✂ drei vollständige Kartensätze[2], Kreppband

[1] in Anlehnung an Storch, Maja: Selbstmanagement – ressourcenorientiert. Grundlagen und Trainingsmanual für die Arbeit mit dem Zürcher Ressourcen Modell (ZRM). Bern (Huber) 2007

[2] Es genügen s/w-Kopie. Hinten im Buch finden Sie dafür Kopiervorlagen. Sie können auch weitere Kartensätze zum Sonderpreis beziehen. Im Kartenpack finden Sie dafür einen Gutschein.

### ⊗ Impuls

Legen Sie die Karten innerhalb des Sitzkreises aufgedeckt im Kreis aus. Legen Sie unter jede Karte zwei identische Karten oder s/w-Kopien. Bitten Sie die Teilnehmer, sich alle Karten sorgfältig anzusehen: »Welche Karte weckt Ihre Neugierde am meisten? Bitte sehen Sie die Karten zunächst nur an. Entscheiden Sie sich nicht zu schnell. Falls Ihnen eine ins Auge gefasste Karte vor der Nase weggenommen wird, nehmen Sie eine andere.« Geben Sie ein Signal, wann die gewählte Karte mitsamt beiden Kopien aufgenommen werden soll.

### ⊙ Arbeitsphase

Bitten Sie die Teilnehmer, Dreiergruppen zu bilden und festzulegen, wer A, B und C sein soll. A wird zum Märchenhelden, B und C seine Gehilfen. Die Gehilfen benötigen die Märchen-Karte, die sie selbst gewählt haben, und die zugehörigen s/w-Kopien erst später und sollten sie deshalb erst einmal beiseite legen.

Jede Gruppe arbeitet für sich und soll nicht gestört werden. Der Märchenheld (A) legt seine Karte vor sich und gibt B und C die Kopien. B und C überlegen sich Assoziationen zu der Märchen-Karte des Helden. Dabei nennen sie ausschließlich positive Qualitäten, Phantasien und Stärken. Der Märchenheld beteiligt sich nicht an der Ideensammlung, sondern hört nur kommentarlos zu. Für diese Arbeitsphase sollten Sie 15 Minuten Zeit einräumen. B notiert die Assoziationen stichwortartig und achtet auf die Einhaltung der 15 Minuten.

Machen Sie die Teilnehmer zuvor darauf aufmerksam, dass die Assoziationen nicht A beschreiben sollen, sondern mögliche Gründe aufdecken können, warum sich A von ausgerechnet dieser Karte angesprochen gefühlt hat. Die vollen 15 Minuten sollen diesem Prozess gewidmet werden. Üblicherweise gibt es Phasen, in denen die Ideen nicht fließen. Dies ist Teil des Prozesses.

A bekommt anschließend das Stichwortprotokoll von B ausgehändigt und markiert die fünf Assoziationen, die ihn am meisten ansprechen oder berühren. So wird ihm selbst deutlich, welche Qualitäten seines Märchensymbols für ihn selbst wichtig sind. Dabei kristallisiert sich sein innerer Held heraus. Dann denkt sich A mit Unterstützung seiner Gehilfen einen Heldennamen für das Märchensymbol auf seiner Karte aus.

Danach wird gewechselt, B wird Märchenheld A, C wird B und A wird C. Der neue Held nimmt die Märchen-Karte, die er sich ausgesucht hat, und gibt seinen Gehilfen die Kopien. Nach dieser zweiten Runde wird ein weiteres Mal gewechselt, so dass jeder einmal Held war.

Nutzen Sie als Spielleitung die Zeit der Gruppenarbeit, um mit Kreppband auf dem Fußboden quer durch den Raum einen Weg zu markieren, der als Laufsteg dienen soll.

## ● Abschluss

Alle Teilnehmer legen ihre Märchen-Karten beiseite und stellen sich rechts und links des Laufstegs auf. Einer geht zum Anfang des Laufstegs und verkündet seinen Heldennamen und das Märchensymbol, zum Beispiel: »Ich bin Heglar die Schlange.« Dann schreitet er den Laufsteg entlang, während der Teilnehmer, der in der Dreiergruppe die Assoziationen zur Märchen-Karte protokolliert hat (B), langsam, laut und deutlich die fünf Begriffe verkündet, die A ausgewählt hat: »Hier kommt [Heldenname und Märchensymbol]. Er ist *[Assoziation 1]* und *[Assoziation 2]* und *[Assoziation 3]* und *[Assoziation 4]* und *[Assoziation 5]*.«

Der Märchenheld lässt die Qualitäten so weit möglich in Gang, Bewegung und Mimik einfließen, während er über den Laufsteg schreitet. Bevor der Held den Laufsteg verlässt, wird noch einmal sein Heldenname und sein Märchensymbol ausgerufen. Dann betritt der Nächste den Laufsteg und sein Gehilfe (B) wird zum Ausrufer.

Wenn alle Märchenhelden über den Laufsteg geschritten sind, sammelt sich das Plenum im Sitzkreis, um über die Erfahrungen zu sprechen: »Wie habe ich mich auf dem Laufsteg gefühlt? Welche Qualitäten kenne ich bei mir? Welche habe ich neu erlebt?«

## ■ Die wahre Geschichte

➔ die klassischen Märchen bewusst aus der Erinnerung holen
➔ mit Hilfe einer bestehenden Handlung die eigene Fabulierhemmung überwinden
➔ in eine entspannte Erzählhaltung kommen

🕒 für die schriftliche Arbeitsphase etwa 20 Minuten, für jeden Vortrag etwa ein bis zwei Minuten.

✋ 6–12 Teilnehmer und mehr

☐ ein großer Raum mit Tischen und regulärer Bestuhlung

✂ ein kompletter Satz Märchen-Karten

### ⊗ Impuls

Auf einem Tisch verteilt liegen alle Karten mit der Motivseite nach oben. Jeder Teilnehmer sucht nach einer Karte, die einem Märchen entstammt, an das er sich erinnern kann. Mit der Karte geht er zu seinem Platz und legt sie vor sich hin.

### ⊙ Arbeitsphase

»Geben Sie dieser Gestalt aus dem Märchen eine etwas andere Bedeutung, um damit manches im Märchen ein wenig klarzustellen. Denn was die Brüder Grimm aufgeschrieben habe, stimmt scheinbar so nicht ganz. Stellen Sie sich vor, Sie sind die Figur, das Tier oder der Gegenstand, die Sie auf der vor Ihnen liegen Karte haben. Aus dieser Rolle heraus ergreifen Sie das Wort und erzählen nicht nur, sondern kommentieren den Verlauf der Märchenhandlung und Ihre eigene, ganz besondere Bedeutung als Person, Tier oder Gegenstand in der Geschichte. Es gibt kein richtig oder falsch. Übertreiben Sie hemmungslos. Machen Sie sich hinreichend Notizen, damit Sie ihre Idee später in großer Runde vortragen können.«

Als Beispiel können Sie den Kamm von Rapunzel anführen: »Seit ich denken kann, war ich bei Rapunzel. Und ich hatte nix zu tun.

Wenn ihr glaubt, bei der Haarpracht wäre Rapunzel immerzu am Kämmen gewesen, dann liegt ihr falsch. Denn sie pflegte ihre Haare überhaupt nicht. Kein Wunder, dass die nach ein paar Jahren speckig und fettig waren. Kein Prinz hat es je geschafft, daran empor zu klettern. Die sind alle immer wieder abgerutscht, bis sie es einfach aufgegeben haben.«

In einer sehr phantasievollen Gruppe kann diese Übung auch ohne Vorbereitungszeit ganz spontan durchgeführt werden.

● **Abschluss**

Haben alle Teilnehmer ihren Monolog vorbereitet, erzählen sie der Reihe nach ihre Sicht der Dinge und schmücken dabei die Geschichte aus, wie es ihnen beliebt.

## Impulsgeber für freies Erzählen

### ■ Wie nur, wie?

Eine Vorübung für Teilnehmer, die noch keine Erfahrungen mit den Märchen-Karten haben.

→ auf märchenhafte Gegenstände und Gestalten konzentrieren
→ verschiedene Qualitäten von Wörtern erfahren
→ an die Märchensprache annähern

🕒 zweimal etwa 15 Minuten

✋ 6–20 Teilnehmer und mehr

☐ großer Raum mit Tischen und Stühlen, genug Platz für Kleingruppenarbeit (Nebenräume)

✂ ein kompletter Satz Märchen-Karten, pro Kleingruppe ein Blöckchen Klebezettel, ein Stift, ein Blatt Din A3 mit der Aufschrift »märchenhaft« und eines mit der Aufschrift »modern«, Klebefilm und ein dickerer zweieinhalb Meter langer Faden

### ⊗ Impuls

Sortieren Sie den Stapel in zwei Teile: die Karten von 0–31 (Figuren und Tiere) und die Karten von 32–49 (Gegenstände). Die Teilnehmer finden sich in Dreiergruppen zusammen. Die Spielleitung mischt den Kartenstapel mit den Gegenständen (32–49) und lässt jede Gruppe eine Karte ziehen.

### ⊙ Arbeitsphase

Jede Gruppe soll zu Ihrer Karte möglichst viele Adjektive finden, die den Gegenstand beschreiben. Welche Eigenschaften und Qualitäten hat er? Jede Eigenschaft soll auf einen gesonderten Klebezettel notiert werden. Geben Sie für die Wörtersuche zehn Minuten.

Sammeln Sie die Märchen-Karten ein und nehmen nun den Stapel mit den Figuren und Tieren (0–31). Auch aus diesem Stapel darf sich jede Gruppe eine Karte ziehen. Nun lautet die Aufgabe: »Finden Sie so viele Verben wie möglich, die beschreiben, wie sich dieses Tier oder diese Person (vorwärts-) bewegt. Notieren Sie jedes Wort auf einen extra Klebezettel.« Geben Sie für diese Wörtersuche ebenfalls zehn Minuten.

Während die Gruppen arbeiten, kleben Sie die beiden vorbereiteten Din-A3-Blätter mit Klebestreifen weit oben rechts und links an die Tür und befestigen den dicken Faden so, dass er zwischen den beiden Blättern herabhängt und die Tür in eine moderne und eine märchenhafte Hälfte teilt.

Wenn alle Teilnehmer genügend Wörter gefunden haben, sammeln Sie die Märchen-Karten ein. Nun sind die Teilnehmer aufgefordert, ihre beschrifteten Zettel dem eigenen Empfinden entsprechend an die Tür zu kleben, sie entweder der modernen oder der märchenhaften Seite zuzuordnen. Sollten andere Teilnehmer mit der Zuordnung nicht einverstanden sein, entsteht eine Diskussion, durch die Sensibilität für Wörter entwickelt wird.

### ● Abschluss

Jeder Teilnehmer sucht sich fünf Wörter aus, die ihm gefallen und die er bei weiteren Erzählübungen zum Einsatz bringen will. Hierbei gilt: Wer zuerst kommt, malt zuerst.

## ■ Märchenreise für Anfänger

→ Kreativität aktivieren
→ einen gemeinsamen Erzählprozess strukturieren

🕒 10–20 Minuten

✋ 4–12 Teilnehmer

☐ ein Sitzkreis

✂ ein kompletter Satz Märchen-Karten

### ⊗ Impuls

Nehmen Sie die Karte *Das Kind* heraus und legen die übrigen Karten mit der Bildseite nach oben kreisrund in der Mitte des Sitzkreises aus. Jede Karte sollte gut sichtbar sein.

Nun legen Sie die Karte *Das Kind* an exponierte Stelle und erläutern: »Das ist der Held des Märchens.« Fragen Sie die Gruppe, wer der Märchenerzähler sein möchte. Meldet sich niemand, übernehmen Sie den Einstieg und geben das Wort weiter, wenn sie einen geeigneten Zeitpunkt erkennen.

### ⊙ Arbeitsphase

Der Märchenerzähler beginnt damit, die Ausgangssituation zu beschreiben. Unterstützen Sie ihn, indem Sie beispielsweise fragen:

- Ist das Kind auf der Karte ein Junge oder ein Mädchen?
- Wie sieht es in Ihrer Fantasie aus?
- Wo ist es zuhause?
- Wer sind seine Eltern?
- Warum geht es in die weite Welt hinaus? Geht es aus freien Stücken oder wird es vertrieben?

Ist dieser Schritt abgeschlossen, führen Sie den Erzähler in die Handlung hinein, indem Sie ihn bitten: »Wohin führt den Märchenhelden sein Weg oder wem wird der Märchenheld auf seiner Reise als Erstes begegnen? Suchen Sie eine passende Karte aus, legen sie neben *Das Kind* und erzählen den Zuhörern, wie das Abenteuer beginnt.«

Versiegt der Erzählfluss des Erzählers oder wird das Zuhören mühsam, ist es ihre Verantwortung als Spielleitung, den nächsten Erzähler zu bestimmen, entweder der Reihe nach, was Spannung aufbaut, oder beliebig wechselnd, was Impulse freisetzt. Der neue Erzähler wählt seinerseits eine Karte aus, legt sie an die bereits liegende Karte an und fährt in der Erzählung fort.

Helfen Sie auch hier mit offenen Fragen weiter, wenn die Erzählung stockt. Weisen Sie zum Beispiel auf Details im Kartenmotiv hin oder fragen Sie nach bestimmten Elementen.

Kommt der Erzählfluss zum Erliegen, können Sie auch selbst eine Karte einfügen, um den Märchenfaden weiterzuspinnen oder dem Märchen eine unerwartete Richtung zu geben.

### ● Abschluss

Als Moderator spüren Sie, wann sich das Ende des Märchens anbahnt oder herbeigeführt werden sollte. Führen Sie die Geschichte zu einem guten Ende und sprechen dann mit der Gruppe den rituellen Satz: »Und wenn sie nicht gestorben sind, dann leben sie noch heute.«

### ● Methodische Anmerkung

Diese Methode können Sie auch im therapeutischen Kontext, im Coaching, der Beratung oder in der Mediation einsetzen. Der Auftrag lautet dann: »Erzählen Sie anhand der hier ausliegenden Symbole ein Märchen, das Ihre Sicht der Dinge wiedergibt.«

Im Gegensatz zum Märchen, das (fast immer) gut ausgeht, wird die Erzählung des Klienten an genau der Stelle enden, wo der Märchenheld vor seine Aufgabe gestellt wird: Etwas liegt im Argen, Überforderung droht, Ängste und Zweifel werden sichtbar. Und weil in der Märchenwelt »das Wünschen noch geholfen hat«, können Sie in dieser Märchenwelt vertiefend am Thema des Klienten arbeiten. Es ist in eine Parallelwelt gehoben, die den Blick aus einer anderen Perspektive ermöglicht. Der Klient tritt aus seiner Problemsituation heraus und wird zum Ratgeber seiner eigenen Märchengestalt und zum Gestalter neuer (Märchen-) Realitäten. Nach Abschluss dieses Prozesses ist es wichtig, den Klienten in der Übertragung von der Märchenwelt auf die Realität zu begleiten.

## ■ Märchenreise für Fortgeschrittene

➔ Kreativität aktivieren
➔ Konzentration und logisches Denken fördern
➔ einen gemeinsamen Erzählprozess strukturieren

20–30 Minuten

4–12 Teilnehmer

☐ Sitzkreis

✂ ein kompletter Satz Märchen-Karten

### ⊗ Impuls

Mischen Sie die Karten sorgfältig und teilen den Teilnehmern reihum einzeln Karten aus, bis *Das Kind* erscheint. Bei diesem Mitspieler beginnt die gemeinsame Märchenreise.

### ⊙ Arbeitsphase

Nehmen Sie die ausgeteilten Märchen-Karten zurück und mischen sie erneut. Teilen Sie jedem Mitspieler verdeckt (abhängig von der Gruppengröße) drei bis fünf Karten aus. Jeder nimmt seine Karten auf die Hand. Wer beginnt, nimmt die Karte *Das Kind* in die Hand und beschreibt den Märchenhelden und dessen Situation. Damit beginn die Märchenreise. Danach legt er die Karte in der Mitte des Stuhlkreises, legt eine Karte aus seiner Hand offen neben *Das Kind* und erzählt, wie es damit weitergeht. Dann kommt der rechte Nachbar an die Reihe, legt eine Karte aus seiner Hand an und erzählt weiter. So geht es reihum, bis alle Karten ausgelegt sind.

### ● Abschluss

Wer die letzte Karte legt, bringt die Märchenreise zu einem sinnvollen Schluss.

## ■ Märchenreise durch den Zauberwald

→ Kreativität aktivieren
→ Sprachkompetenz fördern
→ Gruppendynamik anstoßen

⌚ 35–50 Minuten

✋ 4–12 Teilnehmer

☐ offener Sitzkreis

✂ ein kompletter Satz Märchen-Karten und ein Kartensatz oder ein Satz s/w-Kopien

### ⊗ Impuls

Legen Sie die Karte *Das Kind* aus dem zusätzlichen Kartensatz (oder Kopien) beiseite und legen die übrigen, wie sie kommen, offen zu einem Feld von sieben mal sieben Karten (Zauberwald) aus. Dann nehmen Sie den originalen Kartensatz und legen die Karte *Das Kind* offen auf die im Zentrum liegende Karte und die übrigen in zufälliger Anordnung offen eine Karte auf jede andere ausliegende. Achten Sie darauf, dass nie dieselben Motive aufeinander liegen. Diese Auslage arrangieren Sie, bevor die Teilnehmer den Raum betreten.

Führen Sie die Teilnehmer in die Situation ein: »Vor Ihnen liegt der Zauberwald. Betrachten Sie ihn genau. In seinem Zentrum befindet sich *Das Kind*. Es ist Stellvertreter für den Helden des Märchens, das hier entstehen wird. Im Verlauf seiner Wanderung durch diesen Zauberwald werden sich die Motive der verschiedenen Karten zu seiner Geschichte verbinden. Wie der Märchenheld müssen auch Sie unvorhergesehene Aufgaben erfüllen und Herausforderungen bewältigen, denn unter jeder Karte finden Sie versteckt eine zweite und beide Karten müssen zueinander in Beziehung gestellt werden. Ziehen Sie zum Beispiel den *Riesen* und darunter liegt das *Reh,* so wird es Ihre Aufgabe sein, *gemeinsam* laut darüber nachdenken, was Riesen und Reh miteinander zu tun haben könnten. So kann das Reh beispielsweise Schwäche symbolisieren und der Riese die Übermacht. Ist dies geklärt, suchen Sie nach einer Verbindung zum Märchenhelden. Und mit diesem Impuls wird der Erzählfaden weitergesponnen.«

## ⦿ Arbeitsphase

Sie als Leitung nehmen zunächst die zentrale Karte *Das Kind* und die darunter liegende s/w Karte auf die Hand, zum Beispiel den *Adler.* Aus der Kombination mit dem Adler ergibt sich ein Einstieg in die Geschichte, denn diese erste aufgedeckt Karte dient dazu, den Helden näher zu definieren.

Wird eine Figurenkarte aufgedeckt, steht diese für die Rolle, aus der heraus der Held seine Suchwanderung beginnt, oder sie steht für mögliche Charaktereigenschaften des Helden. Decken Sie als Spielleiter beispielsweise *Sterntaler* auf, könnte der Held ein kleines armes Mädchen sein oder er zeichnet sich durch Mitmenschlichkeit und Selbstlosigkeit aus.

Wird eine Tierkarte aufgedeckt, so ist sie Stellvertreter für eine Fähigkeit, die dem Helden zu eigen ist. Decken Sie als Spielleiter wie in unserem Beispiel den *Adler* auf, dann ist es dem Helden vielleicht ein Leichtes, mit scharfem Blick Verborgenes zu erkennen.

Ein aufgedeckter Gegenstand symbolisiert magische Kräfte, die der Held auf seinem Weg nutzen kann. Der *Brunnen* beispielsweise kann dem Helden erlauben, über alle Wasserwesen zu gebieten.

| | |
|---|---|
| **Figur** | eine Rolle oder eine Charaktereigenschaft |
| **Tier** | eine besondere Fähigkeiten des Helden |
| **Gegenstand** | magische Kräfte |

Auf dieser Grundlage wird die Heldenfigur im Gruppenprozess beschrieben und definiert. Dann ist es an der Zeit, dass sich der Held auf den Weg begibt. Ein Teilnehmer schlüpft in die Rolle des Erzählers und nimmt eine beliebige Karte zusammen mit der darunter verborgenen Kopie zur Hand. Beide werden der Gruppe gezeigt. In einem Gruppenprozess werden mögliche Zusammenhänge gefunden. Oft entsteht eine Diskussion über die Eigenschaften der Person, des Tiers oder des Gegenstands. Diese Gespräche sensibilisieren die Teilnehmer für die tiefere Bedeutung der Märchensymbole. Dann nimmt der Erzähler die Ideen auf, die ihn angesprochen haben, und spinnt daraus den Anfang der Geschichte.

Weiß der Erzähler nicht mehr weiter, legt er seine beiden Karten auf einen vorbereiteten Tisch. Dann fordert er einen anderen aus dem Kreis auf, ein Kartenpaar zu wählen und den Erzählfaden weiterzuspinnen. Wie zuvor beschrieben werden die beiden neuen Motive in der Gruppe besprochen und in das Märchen eingewoben. Der Prozess ist abgeschlossen, wenn alle Karten aufgedeckt sind und/oder ein Erzähler ein stimmiges Ende findet.

## Gehen Sie märchenhafte Wege in Therapie und Beratung

### Objektstufe

■ **Das alte Märchenhaus**

➜ Märchengestalten in Erinnerung rufen
➜ in biografisches Arbeiten einsteigen

🕒 30–60 Minuten

✋ Arbeit mit einem Klienten

☐ ein gemütlicher Raum mit Tisch

✂ ein kompletter Satz Märchen-Karten, Plakat, dicker Filzstift

Legen Sie alle Märchen-Karten offen aus. Halten Sie für Ihren Klienten ein plakatgroßes leeres Blatt und einen dicken Filzstift bereit. Suchen Sie die Karte *Das Kind* heraus und legen sie beiseite.

Beginnen Sie den Arbeitsprozess mit folgender Frage: »Wie sahen die Wohnräume Ihrer Kindheit aus? Zeichnen Sie den Grundriss auf. Nutzen Sie die ganze Größe des Blattes.«

Im kommenden Schritt soll der Klient aus all den ausgelegten Karten für jedes Familienmitglied und für andere Personen, die regelmäßig in den Räumen seiner Kindheit waren, ein Symbol wählen. Der Klient soll die reale Person benennen und die zugeordnete Karte aufnehmen: »Oma Lotte, die ist der Spiegel.« Oder: »Mein kleiner Bruder ist der König.«

Dann wird das Symbol im oder außerhalb des Grundrisses platziert. Jede Zuordnung wird begründet. Sind alle Personen aufgestellt, geben Sie dem Klienten die Karte *Das Kind* in die Hand. In einem letzten Schritt legt er sich selbst an den Platz, der ihm früher zugewiesen wurde oder den er sich selbst erkämpft hat. Vielleicht hatte er auch gar keinen Platz.

Das Bild, das nun auf dem Tisch liegt ist Ausgangspunkt für tieferes Arbeiten.

## ■ Der märchenhafte Lebensfaden

➜ auf das eigene Leben zurückblicken
➜ Emotionen strukturieren und klären
➜ Konflikte oder Ressourcen aufspüren

🕒 60–90 Minuten

✋ Arbeit mit einem Klienten

☐ gemütlicher Raum mit drei Tischen, der Länge nach aneinander gestellt

✂ ein kompletter Satz Märchen-Karten, Wollknäuel, dicker Filzstift

Es gibt verschiedene Möglichkeiten, den Klienten bei der Auslegung und Gestaltung seines Lebensfadens zu begleiten. Bei allen im folgenden dargestellten Möglichkeiten liegen die Märchen-Karten zur Auswahl offen aus.

**a** *Schritt für Schritt*

Geben Sie dem Klient einen Wollknäuel und erläutern Sie: »Dies ist Ihr Lebensfaden. Markieren Sie mit dem freien Ende des Wollfadens hier auf dem Boden (oder Tisch) den Beginn Ihres Lebens. Sie haben nun die Möglichkeit, Ihr Leben bis zum heutigen Tag sichtbar zu machen und zwar mit diesem Lebensfaden und diesen Märchensymbolen. Rollen Sie ein Stück von Ihrem Lebensfaden ab und gehen Sie in Gedanken zu Ihren frühesten Kindheitserinnerungen. Wählen Sie intuitiv eine Märchen-Karten aus, mit der sich diese Erinnerung veranschaulichen lässt. Die Märchensymbole können Lebensstationen darstellen, für bestimmte Personen stehen, Gefühle in einer Situation bebildern und vieles mehr. Legen Sie die ausgewählte Karte neben Ihren Lebensfaden und rollen dann erst ein weiteres Stück vom Faden ab. Welche Erinnerungen tauchen nun vor Ihrem inneren Auge auf? Wählen Sie wieder eine passende Karte und legen sie neben den Wollfaden. So machen Sie weiter, bis Sie hier und heute angekommen sind.«

**b** *Mit Blick aufs Ganze*

Für einige Klienten könnte sich folgender Impuls besser eignen: »Dies ist Ihr Lebensfaden. Nehmen Sie das freie Ende und legen es auf den Boden (oder Tisch). Es ist der Zeitpunkt Ihrer Geburt. Markieren Sie ihn mit einer Märchen-Karte Ihrer Wahl. Legen Sie nun den Faden gradlinig oder verschlungen, bis zum heutigen Tag. Dann erst betrachten Sie die Märchen-Karten und greifen spontan zu den Symbolen, die Lebenseinschnitte, persönliche Entwicklungen und Begleiter auf dem Lebensweg illustrieren oder die Qualitäten Ihrer Erinnerungen zum Ausdruck bringen. Legen Sie die entsprechende Karte an die passende Stelle Ihres Lebensfadens.«

Wenn Sie eine dieser beiden Vorgehensweise angeboten haben, ziehen Sie sich bitte nach den Erklärungen zurück. Schauen Sie dem Klienten bei der Gestaltung seines Lebensfadens still zu. Erst wenn der gesamte Verlauf fertig gestaltet ist, gehen Sie mit dem Klienten ins Gespräch über das, was er nun so anschaulich vor Augen hat.

**c** *Hand in Hand*

Wenn es wichtig ist, in engem Kontakt zum Klienten zu sein, begleitet die schrittweise Gestaltung ein fortwährender Dialog. Bitten Sie den Klienten, seine Handlungen immer direkt zu kommentieren. So werden Blockaden und Widerstände sofort deutlich. Es kann dann hilfreich sein, das Wahrgenommene mit Hilfe der Märchensymbole zu benennen: »Ich habe den Eindruck, Sie fühlen sich wie in einem hohen Turm, aus dem es kein Entkommen gibt.«

So erkundet Ihr Klient gemeinsam mit Ihnen die wichtigsten Stationen seines Lebens und drückt sie in der Anordnung des Fadens und der Platzierung von Bildsymbolen aus. Am Ende hat der Klient die Stationen seines Lebens in symbolischen Bildern vor sich. Diese Visualisierung ist eine wunderbare Grundlage für Erkenntnisse und weiterführende therapeutische Gespräche.

Die Methode des märchenhaften Lebensfadens kann auch zur Analyse in anderen Bereichen genutzt werden, beispielsweise für eine Firma von der Gründung bis heute, eine Ehe, einen Gruppenprozess.

## Subjektstufe

### ■ Das Symbol-Zwiegespräch*

➜ ohne Umwege das aktuelle Thema finden
➜ das aktuellen Thema intensiv betrachten
➜ den nächsten Schritt erarbeiten
➜ Emotionen einen sicheren Raum geben

🕒 30–45 Minuten

Arbeit mit einem Klienten

☐ Raum beliebiger Größe, zwei Stühle, ein Tisch

✂ ein kompletter Satz Märchen-Karten

Legen Sie alle Karten auf einem Tisch aufgedeckt aus. Stellen Sie zwei Stühle etwa zwei Meter voneinander entfernt so auf, dass sie sich gegenüber stehen.

*Schritt 1*

Bitten Sie Ihren Klienten, eine der Märchen-Karten auszuwählen. Sie helfen mit der Frage: »Welche Karte spricht Sie spontan an?«

Wenn der Klient seine Wahl getroffen hat, fordern Sie ihn auf, das Symbol kurz zu betrachten und die Karte dann beiseite zu legen. Bitten Sie ihn, auf einem der beiden Stühle (Klienten-Stuhl) Platz zu nehmen.

*Diese Methode hat die Autorin in ihrer Ausbildung zur Psychodramaleiterin entwickelt.

Vor sich hat er einen leeren Stuhl stehen (Symbol-Stuhl). Auf diesen platziert er in Gedanken das ausgewählte Märchensymbol. Nun hat er die Aufgabe, die Gestalt des Märchensymbols vor sich auf dem Stuhl in Gedanken intensiv zu betrachten. Dieser Prozess muss nicht erläutert werden. Er wird ausschließlich durch offene Fragen in Form eines Interviews initiiert:

- Wie groß ist er/sie/es?
- Was ist das Besondere an seinem Aussehen?
- Ist er/sie/es zu- oder abgewandt?
- Was strahlt er/sie/es aus?
- Ist er/sie/es Ihnen bekannt?
- Woher kennen Sie ihn/sie/es?

Der Klient wird erkennen, dass sich das Symbol wandelt und verschiedene Qualitäten in den Hintergrund treten und sich dafür andere deutlicher abheben. Je intensiver das Symbol beschrieben wird, desto leichter wird die weitere Arbeit.

*Schritt 2*

Bitten Sie den Klienten auf dem Symbol-Stuhl Platz zu nehmen und in die Rolle seines Symbols zu schlüpfen (Rollenwechsel). Der Klient soll sich mit dem Symbol identifizieren. Im folgenden Prozess der Identifikation soll der Klient erkennen, welche Botschaft das Symbol für ihn bereithält. Nur durch den Rollenwechsel kann er die Botschaft klar und deutlich erkennen: »Sie hier auf diesem Stuhl sind nun das Symbol und da drüben, auf dem leeren Stuhl sitzt Ihr Alltags-Ich, das Sie ansehen.« Um diesen intuitiven Prozess zu unterstützen, interviewen Sie den Klienten nun in dieser Rolle. Wichtige Fragen können dabei sein:

- »Wie geht es Ihnen hier auf diesem Stuhl?«
- »Wie fühlen Sie sich?«
- »Seit wann gibt es Sie im Leben des Gegenüber?«
- »Was sind Ihre Qualitäten?«
- »Wie ist Ihre Beziehung zu Ihrem Gegenüber?«
- »Was empfinden Sie für Ihr Gegenüber?«
- »Was sind dessen Qualitäten?«

Je besser sich der Klient mit der Rolle des Symbols identifiziert, desto klarer nimmt er die zugrunde liegende Botschaft wahr.

*Schritt 3*
Um eine direkte Verbindung zwischen dem Klienten und seinem Symbol herzustellen, bitten Sie ihn nun immer noch aus der Rolle des Symbols heraus folgende Schlüsselfrage zu beantworten:

- »Welche Botschaft haben Sie an Ihr Gegenüber?«

Hat der Klient eine Antwort auf dieses Fragen gefunden, fordern Sie ihn auf, die Botschaft an sein Alltags-Ich zum Klienten-Stuhl hin auszusprechen.

*Schritt 4*
Danach setzt sich der Klienten wieder auf den Klienten-Stuhl. Dadurch wird er ganz automatisch die Rolle des Symbols hinter sich lassen und sich in seiner eigenen Rolle wiederfinden. Mit Blick auf den Symbol-Stuhl und das dort imaginierte Symbol wiederholen Sie die Botschaft des Symbols: »Ihr Symbol hat die Botschaft an Sie, dass *[Botschaft]*.« Dann fragen Sie: »Können Sie mit dieser Botschaft etwas anfangen?«

Hat der Klient die Botschaft seines Symbols verstanden, wird er von seinen Erkenntnissen berichten. Dadurch wird das Erlebte in seine Lebenswirklichkeit integriert.

Kann der Klient die Botschaft seines Symbols nicht verstehen, ist es dringend notwendig, erneut einen Rollenwechsel anzuleiten. Wenn er wieder auf dem Symbol-Stuhl sitzt, fragen Sie ihn (in der Rolle des Symbols): »Ihr Gegenüber kann mit der Botschaft nichts anfangen. Was meinen Sie, woran könnte dies liegen?«

Seine Antwort aus der Rolle des Symbols wird die Blockade verständlich machen. Diesen Rollenwechsel können Sie beliebig oft anleiten, bis eine Erkenntnis gewonnen ist. Abschließend treten Sie beide aus dem Bereich der sich gegenüberstehenden Stühle heraus und führen sich das Erlebte noch einmal schweigend vor Augen. Mit der Frage: »Können wir die Situation so belassen?«, wird der Prozess abgeschlossen. Nun bitten Sie den Klienten, beide Stühle beiseite zu räumen, um so die Arbeit bewusst zu einem Ende zu bringen.

Durch diese symbolische Handlung holen Sie den Klienten aus der Märchenwelt in die Realität zurück.

## ■ Märchenpost

➔ Kreativität aktivieren
➔ tiefe Wünsche, Bedürfnisse oder Nöte ins Bewusstsein bringen

⌚ 15–30 Minuten

✋ 4–12 Teilnehmer

☐ Sitzkreis in einem großen Raum

✂ ein kompletter Satz Märchen-Karten

Als Vorbereitung stecken Sie jede Märchen-Karte in einen Umschlag oder wickeln Sie in ein Papier. Kein Umschlagpapier soll wie das andere aussehen. Wählen Sie verschiedene Größen, Farben und Muster, unterschiedliche Papierqualitäten, saubere und schmuddelige Umschläge.

Die Teilnehmer sitzen im Stuhlkreis und Sie selbst schlüpfen in die Rolle eines Postboten. Sie haben eine Tasche, in der Sie die Umschläge bei sich tragen. Treten Sie nacheinander zu jedem Teilnehmer, greifen in die Tasche und nehmen einen beliebigen Umschlag heraus. Überreichen Sie den Brief mit einem Kommentar wie:

- »Der Brief scheint von weit her zu kommen. Und er duftet so sanft nach einem lieblichen Parfum.«
- »Wenn ich auf das Datum schaue, du meine Güte, der Brief war doch sage und schreibe zwanzig Jahre lang unterwegs. Ob der Absender überhaupt noch lebt?«
- »Was für eine unleserliche Handschrift. Sie können von Glück sagen, dass ich mir die Mühe gemacht habe, diese Klaue zu entziffern. Was sagt das über den Absender?«

Folgen Sie Ihrer Kreativität. Durch diese Kommentare können Sie in Ihren Klienten reale Erinnerungen wecken oder verdrängte Wünsche und Sehnsüchte ins Bewusstsein holen. Je besser Sie Ihre Klienten kennen, desto gezielter können Sie deren Themen mit Ihren Postboten-Kommentaren anstoßen. Formulieren Sie aber eher vage, um Ihren Klienten genug Freiraum zu geben, sich darauf einzulassen oder nicht.

Nachdem jeder einen Brief erhalten hat, treten Sie aus der Rolle des Briefträgers hinaus und bitten alle Anwesenden, ihre Post zu öffnen. Formulieren Sie die Aufgabe. »Wer hat Ihnen diese Karte geschickt und was will er Ihnen dadurch mitteilen? Haben Sie eine Phantasie, warum der Absender ausgerechnet dieses Kartenmotiv gewählt hat? Hat er noch etwas dazu geschrieben?«

Jeder Teilnehmer hat die Aufgabe zu berichten, was er in seinem Umschlag gefunden hat: Welches Motiv (real auf der Karte) hat er von wem erhalten und welche Nachricht (seiner eigenen Phantasie entsprungen). Es bleibt jedem belassen, wie ausführlich er über den Inhalt des Briefes sprechen will.

Wenn alle Teilnehmer ihre Briefe geöffnet haben, ist die Runde abgeschlossen und Sie können mit den aufgekommenen aktuellen oder biografischen Themen weiter arbeiten.

## ■ Die Märchen-Wandzeitung

→ Fremd- und Selbstbild betrachten
→ Rückmeldung über die eigene Wirkung erhalten
→ Zuschreibungen erfahren
→ sich eigener Rollenwünsche bewusst werden

Schritt 1 und 2 jeweils 20–30 Minuten, Auswertung je nach Gruppengröße etwa eine Stunde

6–12 Teilnehmer

☐ großer Raum, an den Wänden Platz für einen großen Papierbogen für jeden Teilnehmer

> ✂ zwei komplette Sätze Märchen-Karten (evtl. Kopien), Klebe-Pads, für jeden Teilnehmer einen großen Bogen Papier (Plakat), durch eine waagerechte Linie halbiert, und einen dicken Filzstift

Diese Übung eignet sich nur für Gruppen, deren Teilnehmer sich bereits kennen und schon intensiv miteinander gearbeitet haben. Für jeden wird ein leeres Plakat an die Wand gehängt und ein Stift bereitgelegt. Ein Satz Märchen-Karten (Originale) wird offen auf dem Boden ausgelegt.

Die Teilnehmer werden gebeten, die Karten zu betrachten: »Mit welchem Märchensymbol identifiziere ich mich? Welches Bild bringt am ehesten zum Ausdruck, wer/wie ich bin?« Haben alle Teilnehmer ihr passendes Bild gefunden, befestigen sie es mit einem Klebe-Pad ganz oben auf ihrem Plakat und schreiben direkt darunter mit dem Filzstift ihren Namen. Dann machen sie sich mit dem Stift in der Hand auf die Wanderschaft und betrachten die anderen Wandzeitungen.

**1** Im ersten Schritt sollen schweigend im oberen Bereich der Plakate Kommentare notiert werden wie: »Du bist Sneewittchen, weil du so eine zarte, durchscheinende Ausstrahlung hast.« Oder: »Du bist der Wolf, weil du gut kämpfen kannst und manchmal auch sehr laut brüllst.« Wer auch immer bei einem der Plakate einen Impuls hat, soll seinen Gedanken dort notieren. Niemand muss auf alle Plakate etwas schreiben

**2** Im zweiten Schritt finden alle zu Paaren zusammen. Der zweite Kartensatz (Kopien) wird offen auf dem Boden ausgelegt und jeder soll für seinen Partner ein alternatives Symbol wählen, das aus der Fremdwahrnehmung heraus passender erscheint oder die erste Wahl ergänzt. Auf jeder Wandzeitung soll nun dieses alternative Symbol in die untere Hälfte geklebt werden. Ist dies kommentarlos geschehen, gehen alle wieder auf Wanderschaft durch den Raum und notieren in der unteren Hälfte ihre Assoziationen zu der zweiten Bildkarte.

Nach Abschluss dieser Phase geht jeder zu seinem Plakat und liest die Kommentare. In der sich anschließenden Feedback-Runde teilt jeder mit, was er erlebt hat.

## ■ So stark wie ein Riese

→ verschiedene Aspekte des aktuellen Themas bewusst wahrnehmen
→ diese Aspekte auf ihre positiven und negativen Elemente hin beleuchten
→ Bewegung in eine scheinbar festgefahrene Situation bringen

🕒 20–30 Minuten

✋ Arbeit mit einem Klienten

☐ beliebiger Raum, zwei Stühle und ein Tisch

✂ ein kompletter Satz Märchen-Karten, Stift, Klebezettel

Wird bei Ihrem Klienten bei einem Thema der Widerstand sehr groß, legen Sie den Kartenstapel mit der Rückseite nach oben auf den Tisch.

»Sie wissen, dass in den alten Märchenzeiten das Wünschen noch geholfen hat. Ich biete Ihnen hier die Möglichkeit, wenn dies Ihr Wunsch ist, mit Märchenmotiven ihrem Thema auf eine eher unübliche Weise auf den Grund zu gehen.«

Bitten Sie den Klienten die oberste Karte aufzudecken und das Motiv darauf spontan mit seinem aktuellen Thema (z. B. Bruch mit dem Vater) in Verbindung zu bringen und eine Eigenschaft zuzuschreiben. Zieht der Klient zum Beispiel die Karte *Dolch,* könnte der Satz lauten: »Wenn ich an meinen Vater denke, dann sind seine Bemerkungen so verletzend wie dieser Dolch.«

Notieren Sie den Satz auf einem Klebezettel und bitten den Klienten, diesen auf der Kartenrückseite anzubringen. Dann wird die so beklebte Karte auf dem Tisch offen abgelegt. Der Klient soll alle Märchen-Karten zügig nacheinander aufdecken. Ist nicht auf Anhieb eine Verbindung zum aktuellen Thema erkennbar, wird die Karte verdeckt beiseite gelegt.

Wenn alle Karten aufgedeckt sind, lässt der Klient seinen Blick schweifen und greift spontan eine Karte, mit folgendem Gedanken im Hinterkopf: »Wie könnte ich diese Eigenschaft konstruktiv für mich nutzen?« Geben Sie dafür die Formulierung vor: Ich wäre gern *[Symbol/Eigenschaft]* damit, *[Nutzen]*. Zum Beispiel: »Ich wäre gern so scharf wie ein Dolch, damit ich mich gut verteidigen kann.«

Auf diese Weise sucht der Klient aus der Fülle der Karten die heraus, die ihm nützlich erscheinen. Die genannten Eigenschaften können so unter Umständen umgedeutet und in einen anderen Bezugsrahmen gesetzt werden. Facetten des Klienten-Themas treten deutlicher hervor. Nun ist es an Ihnen, mit diesem Ergebnis weiterzuarbeiten.

Kontakt zu Xenia Busam unter www.maerchenklang.de

# Anhang

Dies ist die zweite Auflage der Märchen-Karten. Die erste erschien 2001 und war als eine Art Märchen-Tarot gedacht, wobei es aber kein Orakel im klassischen Sinn sein sollte, sondern ein Hilfsmittel, das persönliche Lebensmärchen zu entdecken. Um die wesentlichen Symbole dafür zu finden, habe ich damals die Grimmschen Märchen durchforstet. Daraus ist das *Kleine Handlexikon der Märchensymbolik* entstanden, das unter dem Pseudonym Felix von Bonin 2001 im Kreuz Verlag erschienen ist.

Aus dieser Sammlung habe ich fünfzig Symbole herausgefiltert. Ausnahmen sind die Eisprinzessin und der Perlmutt-Butt, die es in den Grimmschen Märchen so nicht gibt. Die Auswahl der Bildsymbole erfolgte im Detail auch, um sie in einer Auslage von siebenmal sieben Karten nach bestimmten Prinzipien anzuordnen, was hier als Kosmologie bezeichnet wird. Das umfangreiche Begleitbuch der ersten Auflage erklärt, sehr ausführlich an einem konkreten Beispiel, wie man mit Hilfe der Märchen-Karten auf die Suchwanderung geht, sein persönliches Märchen entdeckt und das Schritt für Schritt in ein geschriebenes Märchen verwandelt.

In den Jahren danach habe ich mich mit dem therapeutischen Aspekt von Märchen beschäftigt, woraus die Reihe »Heilung durch Märchen« hervorgegangen ist, die in 13 Bänden je ein typisches Märchen aus der Grimmschen Sammlung durchleuchtet. Obwohl ursprünglich nicht beabsichtigt, haben sich die Märchen-Karten mit den Jahren als ein Hilfsmittel in pädagogischen und therapeutischen Prozessen bewährt. Die Märchen-Karten helfen, mit Kindern und Jugendlichen, aber auch Erwachsenen, existenzielle Fragen lateral zu bearbeiten.

Als die erste Auflage vergriffen war, sollten die Märchen-Karten in der alten Form nicht nachgedruckt werden, vielmehr hegte ich die Idee, den pädagogisch-therapeutischen Ansatz in den Mittelpunkt zu rücken. Deshalb freue ich mich, dass nun Xenia Busam sozusagen als meine bessere Hälfte diesen Teil beiträgt und so diese zweite Auflage ermöglicht hat.

## Ihr ganz persönliches Lebensmärchen

Die Dramaturgie des Märchens folgt gewöhnlich einem standardisierten Schema von Notsituation, Prüfung und Erlösung. Mit Notsituation ist die Ausgangssituation des Helden gemeint, die ihn veranlasst, auf die Suchwanderung (oder schamanische Reise) zu gehen. Im europäischen Volksmärchen* erfolgt der Übergang von der alltäglichen Wirklichkeit in die Anderswelt gewöhnlich im (Zauber-) Wald.

Im Verlauf der Suchwanderung wird der Held mit Prüfungen konfrontiert, gewöhnlich sind es drei. In Variation kann der zu drei Brüdern amplifizierte Held auch dreimal mit der gleichen Herausforderung konfrontiert werden, wobei dann der jüngste, der Dummling, also der seelisch Reine die Prüfung besteht. So oder so wird der Held mit unlösbaren Aufgaben konfrontiert, die er nur mit überirdischer, also seelischer Hilfe lösen kann, die ihm von Krafttieren und magischen Geheimnissen zufließt, die er sich verdient.

Hat er die unlösbaren Aufgaben absolviert, gewinnt er die seltene Kostbarkeit, die sprichwörtlich auch die Königstochter und das halbe (!) Königreich sein kann. Auf diese Symbolik soll hier aber nicht weiter eingegangen werden. Das Märchen endet grundsätzlich mit der guten Lösung (auch wenn sich hier und da Abweichungen von dieser Norm zeigen).

Das Lebensmärchen folgt dieser dramatischen Gestalt der Suchwanderung mit Notsituation, drei unlösbaren Aufgaben und abschließender Erlösung.

### Vorbereitung

Die 50 Märchen-Karten werden gemischt und einmal abgehoben. Die erste Karte wird offen beiseite gelegt, die übrigen verdeckt zu 7 x 7 als Zauberwald ausgelegt.

### Notlage

Die erste, beiseite gelegte Karte beschreibt die Notsituation in ihrem Kern. Sie ist der Auslöser, der *Das Kind* (also Sie) veranlasst, die gewohnte Umgebung zu verlassen und das Glück in der Fremde (der eigenen Seele) zu suchen. So beginnt Ihr Lebensmärchen.

*Das Kind* ist in die ihm gewohnte Umgebung eingebettet, wird von ihr genährt und geschützt, aber auch eingeschränkt, in

* Lüthi, Max: Das europäische Volksmärchen (1947). München (Francke) 1981[7]

seiner Weiterentwicklung begrenzt. Die notwendige (seelische) Entwicklung wird durch die bestehenden Umstände gehemmt. Diese Hemmung ist Initial der Dynamik, die sich in der Suchwanderung (Lebensmärchen) ausdrückt. *Das Kind* muss in die weite Welt ziehen, sein Glück suchen, also erwachsen werden. Manchmal muss die dann schwarze Mutter nachhelfen. andere Eltern fressen ihre Kinder auf, um sie bei sich zu behalten.

Falls die erste, beiseite gelegte Karte *Das Kind* selbst ist, übernimmt im Folgenden *Der Apfelbaum* die Funktion *Des Kindes.*

**Stammposition**
Als erstes wird die Karte im Herzen (4D) des Zauberwalds aufgedeckt. Das ist die Stammposition *Des Kindes* und *Des Apfelbaums.* Die Karte, die im Zentrum aufgedeckt wird, beschreibt das zentrale und durchgehende Motiv Ihres Lebensmärchens.

Wenn sich im Zentrum nicht (zufällig) *Das Kind* zeigt, wird als nächstes *Das Kind* aufgedeckt. Die Karte ist rückseitig durch einen roten Stern gekennzeichnet. *Das Kind* liegt dann auf der Stammposition einer anderen Karte. Diese beiden Verknüpfungen

- Welches Bildsymbol liegt auf der Stammposition *Des Kindes?*
- Auf der Stammposition welches Bildsymbols liegt *Das Kind?*

sind weitere Aspekte, die zur Notsituation beitragen.

*Beispiel*
*Das Kind* hat seine Stammposition in der Mitte des Zauberwalds (4D). Wenn es in einer Auslage auf 5B liegt, ist es zwei Karten von seiner Stammposition entfernt und liegt im Reich des Ahnens, auf der Stammposition der *Fee.* Diese Position ist halbwegs vom Zentrum entfernt und liegt etwas abseits, aber nicht am Rande. Gleichzeitig hat zum Beispiel die *Rose* die Stammposition *Des Kindes* besetzt und bestimmt den Grundton des Märchens.

**Hof**
Nun werden die Karten aufgedeckt, die um *Das Kind* herum liegen. Die Karten, die eine Karte umringen, heißen ihr Hof. Gewöhnlich sind das acht Karten, am Rand des Zauberwalds allerdings nur fünf und in der Ecke drei. Der Hof ist eine Beschreibung der Situation, in der sich die umringte Karte befindet, ihre Chancen und Gefahren, sozusagen ihr ›Horoskop‹ oder ihre seelische Mitgift.

Der Hof *Des Kindes* beschreibt mehr die inneren Dimensionen der Notsituation, während die zuvor genannten Aspekte mehr auf die äußeren zielen.
Wenn Sie den Hof einer Karte betrachten, können Sie die Kosmologie des Zauberwalds darauf anwenden, also die über der zentralen Karte (im Norden) liegende Hofkarte steht im Licht, die links daneben für die kommenden Früchte und so weiter.*

- **Figuren-Karten** im Hof kommt eine besondere Bedeutung zu, den Hauptfiguren um so mehr. Ihr positiver oder negativer Einfluss auf die zentrale Karte ist besonders groß.
- **Tier-Karten** im Hof bedeuten seelische Zustände wie Angst oder Sehnsucht; oder sie bedeuten Charaktereigenschaften wie Gutmütigkeit oder Verschlagenheit.
- **Geheimnisse** beschreiben Handlungsmöglichkeiten, die verloren, verfügbar oder zukünftig sind; sie erschließen weltlichen oder magischen Einfluss und helfen *Dem Kind,* die drei unmöglichen Aufgaben zu erfüllen; sie können aber auch auf entsprechende fremde Einflüsse hinweisen, die freundlich unterstützend oder feindlich und schrecklich sind. Eine Sonderstellung nimmt *Der Apfelbaum* ein, der auf einer höheren Ebene mit *Dem Kind* identisch ist.

**Hauptfiguren**
Betrachten Sie schließlich die Hauptfiguren. Sie sind rückseitig mit einem grünen Stern gekennzeichnet. Sie bleiben verdeckt liegen, doch aus ihrer Lage und Verteilung können weitere Hinweise auf die Ausgangssituation abgeleitet werden. Liegen sie im Hof *Des Kindes* oder weit entfernt? Liegen sie verstreut oder dicht beieinander?

**Suchwanderung**
Wenn Sie die Notsituation ausgiebig be-

s. Bild S. 10

trachtet haben, beginnt der Weg durch Ihr Lebensmärchen bei der Karte *Das Kind.* Der Weg besteht aus drei Etappen, die nach dem gleichen Verfahren ablaufen.

**Erste Etappe**
Der Weg einer Etappe verläuft immer geradlinig orthogonal oder diagonal, es stehen also acht Richtungen zur Wahl. Ein einmal beschrittener Weg (Karte) kann nicht noch einmal betreten werden, es sei denn, er wird gekreuzt und dabei die bereits beschrittene Karte noch einmal betreten. Mit der Länge eines Weges ist die Anzahl seiner Karten gemeint.

Liegt im Hof eine Hauptfigur (Karten 1 bis 5), bestimmt sie die Richtung, die einzuschlagen ist. Liegen mehr als eine Hauptfigur im Hof, können Sie eine der dadurch markierten Richtungen wählen.

Liegt eine Hauptfigur zwar entfernt, jedoch auf einem der acht Wege, die *Das Kind* beschreiten kann, so ist auch dadurch die Richtung vorbestimmt. Liegen zwei oder mehr Hauptfiguren auf geradem Weg, wählen Sie die zum Ziel, von der Sie sich stärker angezogen fühlen, ohne nachzuschauen, um welche Figur es sich handelt. Wenn Sie sich nicht entscheiden können, wählen Sie den längeren Weg. Die Hauptfigur, zu der der Weg führt, wird noch nicht aufgedeckt.

Wenn keine Hauptfigur die Richtung weist, schauen Sie Ihren Hof an und entscheiden sich für ein Richtung, in der Sie gehen wollen. Lassen Sie bei Ihrer Wahl die Hofkarten auf sich wirken.

Der Weg wird beschritten, indem in der eingeschlagenen Richtung so lange Karte um Karte aufgedeckt wird, bis eine Figur (Karten 1 bis 18) oder ein magisches Tier (Karten 19 bis 23) erscheint, zuerkennen am blauen Namensschild (*Schatten* grau). Wenn Sie auf eine Hauptfigur zugehen, kann es sein, dass Sie unterwegs bereits auf eine solche Karte treffen und die Etappe ist bei ihr beendet.

Der erste Schritt einer Etappe führt auf eine Hofkarte, die bereits aufgedeckt ist. Später kann eine Etappe eine frühere kreuzen und dabei eine bereits aufgedeckte Karte überqueren. Bereits aufgedeckte Karten sind für die aktuelle Etappe ohne Wirkung.

*Beispiel*
Im Hof *Des Kindes* auf 5B liegt auf 4C *Der Alte* (Stammposition der *Prinzessin*) und gibt damit für die Suchwanderung die südwestliche Richtung vor. Als nächstes wird die Karte auf 3D aufgedeckt. Erscheint keine Figur und kein magisches Tier, wird weiter 2E aufgedeckt, dann 1F. Ist noch immer keine Figur und kein magisches Tier erschienen, ist der Rand des Zauberwalds erreicht.

Wenn auf einer Etappe der Rand des Zauberwalds erreicht wird, muss eine neue Richtung gewählt werden. Dafür gilt:

- Der beschrittene Weg darf nicht zurückgegangen werden.
- Liegt vom Standpunkt aus in gerader Richtung eine verdeckte Hauptfigur, geht der Weg in dieser Richtung weiter.
- Im übrigen ist die Richtung einzuschlagen, die den längsten Weg bietet.

**Sonderregeln**
Für sieben der Bildsymbole, die eine Etappe beenden, gibt es besondere Regelungen. Sie werden weiter unten genannt. Die Namensschilder der betreffenden Karten haben rote Ränder:

(6) *Hexe,* (7) *Zauberer,* (8) *Tierbräutigam,* (9) *Eisprinzessin,* (18) *Der Schatten,* (19) *Reh,* (20) *Adler,*

Am Ende der ersten Etappe stellt sich die erste unlösbare Aufgabe. Danach wählen Sie nach den gleichen Regeln eine neue Richtung für die zweite Etappe, bekommen die zweite unlösbare Aufgabe, und schließlich die dritte Etappe mit der dritten unlösbaren Aufgabe.

**Prüfungen**
Wenn eine Figur oder ein magisches Tier aufdeckt wird, endet eine Etappe der Suchwanderung. Bevor wir uns dieser Figur zuwenden, betrachten wir den Weg. Wenn er gleich hinter dem Hof endet, ist er nur einen Schritt (Karte) lang. Die beschrittene Hofkarte ist bereits aufgedeckt, wird aber in diesem Fall als Wegkarte betrachtet. Der Weg kann auch viele Schritte lang sein, was aber eher unwahrscheinlich ist. Die letzte Karte

der Etappe liegt im Hof des Bildes, das die Etappe beendet, wird aber auch zunächst zum Weg gerechnet.

Auf dem Weg begegnen *Dem Kind* mythische Tiere und Geheimnisse. Eine dieser Begegnungen (Tier oder Geheimnisse) ist mit einer Prüfung verbunden. Betrachten Sie jede einzelne Wegkarte (wenn es mehrere sind) für sich. Berücksichtigen Sie die Notsituation *Des Kindes* und die Figur oder das magische Tier am Ende der Etappe und wählen eine Wegkarte aus. Ergründen Sie, welche Prüfung mit diesem Bildsymbol für Sie verbunden ist und welches magische Geschenk es bereithält. Das magische Geschenk kann sich aber auch in einer anderen Wegkarte zeigen. Jede Wegkarte kann einen inhaltlichen Beitrag zur Ausdeutung einer Etappe beitragen.

*Beispiel*
*Das Kind* begegnet auf dem Weg dem (hungrigen) *Wolf* und Sie fabulieren, dass es sein letztes Brot mit ihm teilt. Der ›hungrige Wolf‹ kann ein Mensch in Ihrem Leben sein, der in einer Not war, und das ›Stück Brot‹ symbolisiert die Hilfe, die Sie ihm gegeben haben. Der hungrige Wolf kann auch eine bedrohliche Person sein, die Ihnen Ihr ›letztes Brot‹ genommen hat. Spüren Sie in Ihre Lebenssituationen hinein, um die Etappe zu deuten, doch analysieren Sie nichts. Schauen und fühlen Sie nur.

Geprüft werden im Märchen immer seelische Werte wie Hilfsbereitschaft, Nächstenliebe, Mut, Vergebung, Furchtlosigkeit, Ehrfurcht vor dem Leben, kurz alles, was wir mit gut bezeichnen.

Weil *Das Kind* die Prüfung besteht, erhält es ein magisches Geschenk. Der Wolf zum Beispiel, mit dem es sein Essen geteilt hat, kann ihm drei Haare schenken, oder ein Zwerg, den es aus höchster Not gerettet hat, einen Gürtel. Das hängt davon ab, was die Wegkarten symbolisch hergeben.

**Unlösbare Aufgabe**
Betrachten Sie nun die Figur (bzw. das magische Tier), bei der die Etappe angelangt ist. Was löst sie in Ihnen aus? Wen in ihrem Leben könnte diese Figur meinen? An welches Ereignis werden Sie erinnert? Welche Spannungen, Probleme, Emotionen sind zwischen Ihnen und dieser Figur? Ist es Ihr Lehrer, der Sie immer ungerecht behandelt hat? Ist es Ihre Mutter, die früh gestorben ist? Ist es ein Onkel, der Sie missbraucht hat? Ist es ein Freund, den Sie hintergangen haben? Ist es ein Geschäftspartner, den Sie ausgebootet haben? Ist es Schlimmeres?

Um Ihre Einsicht zu vertiefen, können Sie betrachten, auf welcher Position die Figur liegt, also welche Karte dort ihre Stammposition hat und welche Orientierung im Zauberwald diese Position hat. Sie können auch nachsehen, welche Karte auf der Stammposition der Figur liegt. Wenn diese Karte noch nicht aufgedeckt wurde, dann spähen Sie kurz darunter, lassen sie aber verdeckt liegen.

Als nächstes decken Sie den Hof der Figur auf und betrachten ihn, wie es schon für *Das Kind* beschrieben wurde. Liegt die Figur nahe bei *Dem Kind* bzw. der vorhergehenden Etappe, dann können sich die beiden Höfe überschneiden. Karten, die in beiden Höfen liegen, stellen eine besondere Verbindung zwischen den beiden Figuren dar und sind deshalb von größerer Bedeutung.

Wenn Sie sich von der Figur und dem Problemfeld, das sie für Sie bedeutet, ein intensives Bild gemacht haben, ist es Ihre Sache, die unlösbare Aufgabe zu formulieren, die diese Figur Ihnen stellt (bzw. gestellt hat).

*Beispiel*
Sie haben die *Riesen* aufgedeckt und das rührt bei Ihnen an, dass Sie als Kind missachtet, misshandelt oder gar missbraucht wurden. Ihre unlösbare Aufgabe könnte dann sein, die *Riesen* zu besiegen – zu töten oder zu erlösen oder...?

Als Gegenpol zur Figur und der mit ihr verbundenen unlösbaren Aufgabe steht die Begegnung auf dem Weg und ihr magisches Geschenk. Diese vier Elemente bilden einen Komplex von Bindung und Erlösung. Nachdem Sie die unlösbare Aufgabe formuliert haben oder auch nur ahnen oder fühlen, gilt es also, die Lösung zu finden, die sich in den Karten auf dem Weg und im Hof *Des Kindes* verbirgt.

*Beispiel*
Auf dem Weg liegen der *Spiegel* und die *Pilze.* Der *Spiegel* könnte Gegenstand der Begegnung sein, bei der *Das Kind* in den Spiegel schauen muss (Was sieht es da?) und zur Belohnung *Pilze* bekommt. Wenn *Das Kind* dann von den *Riesen* gefangen wird, kann es die *Pilze* in ihr Essen mischen. Die Riesen werden dadurch in Wichte verwandelt und so ist *Das Kind* ihnen überlegen.

*Oder*
Auf dem Weg liegt der *Uhu,* dann könnte die Lösung so aussehen: Der *Uhu* hat sich in einer Schlinge verfangen. *Das Kind* befreit ihn. Zum Dank verspricht der *Uhu* Hilfe in großer Not. Wenn Das Kind dann von den *Riesen* gefangen wird, ruft es den *Uhu* zu Hilfe. Der kennt den geheimen Ort, an dem die *Riesen* ihre Herzen versteckt haben. So kann *Das Kind* die Herzen der Riesen finden, in seine Hände nehmen und die *Riesen* (und sich selbst) dadurch erlösen.

**Eine kurze Besinnung**
Lassen Sie sich Zeit, die Flut von Bildern, Gefühlen und Gedanken wirken zu lassen. Vielleicht sind Sie zunächst verwirrt. Vielleicht scheint dieses und jenes nicht zu passen. Vielleicht erkennen Sie auch Übereinstimmungen und Widersprüche.

Wenn Ihnen die Märchen-Karten noch nicht so vertraut sind, nehmen Sie sich die Zeit, die Bedeutung jeder Karte nachzulesen, gegebenenfalls mehrmals. Es ist nicht unbedingt nötig, dass Sie die ersten Eindrücke am Anfang Ihres Lebensmärchens konkret in Worte fassen können, aber in Ihrem Inneren sollte eine Resonanz mit den bislang aufgedeckten Symbolen sein, ein stilles, aber klares: »Ja, so ist es.« Erst dann sollten Sie die Suchwanderung beginnen.

Wenn sich dieses eindeutige Gefühl nun gar nicht einstellen will, dann kann es durchaus richtig sein, die Karten wieder zusammenzunehmen, zu mischen und einen neuen Anlauf zu machen. Vielleicht nicht gleich, sondern zu einem späteren Zeitpunkt. Denn die Ausgangssituation ist die Grundlage für alle Erlebnisse auf der Suchwanderung und schließlich auch für die Bedeutung des Geschenks, das Sie am Ende Ihres Abenteuers entdecken.

**Zweite und dritte Etappe**
Nachdem die erste Etappe überstanden ist, geht es von der Position der Karte, welche die unlösbare Aufgabe gestellt hat, in entsprechender Weise mit der nächsten Etappe weiter. Zuerst wird die Richtung bestimmt, dann werden so lange Karten aufgedeckt, bis eine Figur bzw. ein magisches Tier erscheint. Die zweite unlösbare Aufgabe wird gestellt und gelöst. Dann schließt sich die dritte Etappe an, die genauso abläuft.

**Erlösung**
Wenn die dritte unlösbare Aufgabe gelöst ist, bekommt *Das Kind* das Geschenk, die seltene Kostbarkeit, die Erlösung aus der anfänglichen Notlage.

Ihr Geschenk versteckt sich im Zauberwald. Betrachten Sie die noch verdeckt liegenden Karten in aller Ruhe. Streifen Sie mit den Augen durch den Zauberwald und spüren Sie nach, was Sie bis jetzt auf Ihrer Suchwanderung durchlebt haben. Das Geschenk, das Sie gleich entdecken werden, ist die wahrhafte Belohnung für die Lösung Ihrer drei großen unlösbaren Lebensaufgaben. Wählen Sie eine verdeckt liegende Karte, aber keine, die rückseitig markiert ist (Hauptfiguren und Der Apfelbaum), und legen sie offen heraus. Jetzt liegen zwei Karten neben dem Zauberwald, die allererste, die Ihre Notlage symbolisiert, und die abschließende, Ihre seltene Kostbarkeit.

Betrachten Sie Ihr Geschenk und lassen seine Symbolik auf sich wirken. Setzen Sie das Geschenk als krönendes Ende Ihres Märchens in Beziehung zur Notsituation, der Ausgangslage und den drei unlösbaren Aufgaben Ihrer Suchwanderung. Formulieren oder spüren Sie, worin der besondere Wert dieses Geschenks liegt und wie es Ihnen helfen wird, von nun an, für immer und ewig, ein glückliches Leben zu führen. Denken Sie daran, dass Märchen immer gut ausgehen!

**Allgemeine Hinweise zur Ausdeutung**
Die volle Bedeutungstiefe der Märchen-Karten und ihrer vielfältigen Beziehungen

und Vernetzung im Zauberwald erschließt sich nur nach und nach. Die hier formulierten kurzen Deutungen können nur vage eine Aura abstecken, die sich empathisch weiten wird, je vertrauter Ihnen die Karten werden. Durch kontemplative Betrachtung der Kartenbilder und Einstimmen auf die seelische Ebene der Märchen weitet sich der Sinn für die Symbolik. Versteckte Details der Märchen-Karten zeigen Pfade.

Die Stammposition einer Karte und die damit verbundene Stellung innerhalb des Zauberwalds bildet eine weitere Bedeutungsebene. Und schließlich tritt jede Märchen-Karte in Beziehung zu der Position, die sie innerhalb der jeweiligen Auslage einnimmt, und dem Bildsymbol, dessen Stammposition das ist.

In diesem vielschichtigen Netz von Bedeutungen müssen Sie selbst Ihre persönliche Ebene ausloten. Achten Sie darauf, mit welchen Eindrücken, Gedanken, Bedeutungen Sie besonders in Resonanz gehen. Ihre Intuition ist Ihr bester Führer und Berater, wenn Sie ihr freie Hand lassen und sich ihr anvertrauen.

Während Sie Ihr Lebensmärchen entdecken, machen Sie sich noch keine Gedanken über die innere Logik der Erzählung oder andere Fragen, die mit einer sprachlichen Umsetzung zusammenhängen. In dieser Phase der Entdeckung genügt es völlig, Szenen, Handlung und Hintergründe auf symbolischer, gefühlsmäßiger Ebene auszuloten. Auch die Bilder eines Traums können zunächst unzusammenhängend und unlogisch erscheinen.

### Vertiefende Arbeit

Wenn Sie einen Traum erzählen oder aufschreiben, verändert er sich. Die Logik der Sprache kristallisiert die Inhalte. Darin steckt das Geschenk, das Erlebte fassbar zu machen. Ähnlich ist es mit dem Lebensmärchen. Die Krönung dieses Legespiels ist, das Märchen aufzuschreiben, zu formulieren. Die schriftliche Fassung können Sie später immer wieder bearbeiten, vertiefen und verdichten. Am Ende steht dann Ihr ganz persönliches Lebensmärchen.

### Auslage notieren

Sie sollten das Lebensmärchen ein paar Mal legen, um sich mit dem Spiel vertraut zu machen. Wenn Sie eine Auslage besonders bewegt, können Sie beschließen, dieses Märchen zu vertiefen. Oder Sie beschließen: Jetzt lege ich das Lebensmärchen, das ich vertiefen will. Die Erfahrung zeigt übrigens, das nicht selten aus zwei verschiedenen Auslagen, die jemand legt und erlebt, ganz ähnliche Märchen hervorkommen.

Wenn Sie ein Märchen vertiefen wollen, notieren Sie die Auslage. Der Zauberwald ist ähnlich dem Schachbrett parzelliert und jede Märchen-Karte hat eine Nummer, so dass Sie lediglich die Anordnung der Nummern notieren müssen. Hinten im Buch finden Sie eine Vorlage dafür. Nach dieser Notiz können Sie die eine Auslage, die Sie vertiefen wollen, immer wieder herstellen, denn es ist wichtig, dass Sie die Auslage bei der Arbeit immer vor Augen haben. Sie lesen in der Auslage, was Sie aufschrieben, nicht umgekehrt.

### Verdichtungsprozess

Die Vertiefung wird durch Klärung angestrebt, die zu einem immer einfacheren und prägnanteren Handlungsverlauf führt. Das darf aber nicht zu Kappung und Verflachung führen, sondern im Gegenteil soll differenzierend und generalisierend vertiefen und symbol-bildlich beschreiben.

Achten Sie zunächst nicht auf die Logik eines Handlungsfadens oder die Eindeutigkeit der Elemente Ihres Märchens. Manche werden womöglich zwei- oder mehrdeutig bleiben. Notieren Sie zunächst nur einfache Sätze, Aussagen, die Sie direkt aus der Auslage ablesen wie oben beschrieben. Zum Beispiel: »Der Kater klaut die Rose.« Sie müssen nicht verstehen, was das mit Ihnen zu tun hat, jetzt schon gar nicht. Grübeln Sie nicht darüber nach und hüten sich vor voreiligen Gewissheiten. Sammeln Sie einfach nur die Sätze, die Sie finden, in lockerer Ordnung entsprechend der Grundstruktur des Märchens

- **Notsituation**
- **Suchwanderung,** gegliedert in

erste unlösbare Aufgabe
zweite unlösbare Aufgabe
dritte unlösbare Aufgabe

- **Geschenk** (seltene Kostbarkeit), gutes Ende

Im nächsten Schritt nehmen Sie sich die Abschnitte einen nach dem anderen und jeden für sich vor. Vielleicht wollen Sie unbedingt mit einem bestimmten beginnen, dann tun Sie das, an sich aber sollte man der Reihe nach vorgehen. Sie sehen sich also zunächst alle Sätze an, die Sie zur Notsituation gesammelt haben. Schauen Sie auf die Auflage, ob noch Sätze hinzukommen wollen. Formulieren Sie einzelne Sätze weiter aus. Bringen Sie verschiedene Sätze in einen Zusammenhang, der nicht sinnvoll (Sinnzusammenhang) sein muss. Schauen Sie immer wieder auf die Auslage. Nutzen Sie punktuell die Möglichkeit, zu einer beliebigen aufgedeckten Karte den Hof zu entdecken und zu betrachten, um weitere Impulse aufzunehmen. Gehen Sie mit dem Ausformulieren noch nicht zu weit, aber sammeln Sie möglichst viele Details, Aspekte, Assoziationen.

So bearbeiten Sie Schritt um Schritt die Notsituation, die drei Etappen und das gute Ende. Diesen Arbeitsdurchlauf können Sie mehrmals wiederholen, auch nur punktuell, um möglichst viel Material zu sammeln. Im nächsten Schritt weben Sie die locker gesponnenen Gedankennetze der einzelnen Abschnitte zu einem großen Ganzen zusammen, das heißt, Sie reihen die einzelnen Abschnitte aneinander und gehen von nun an den Text immer im Ganzen durch. Ergänzen, konkretisieren und vertiefen Sie die Aussagen und den dramatischen Verlauf.

Damit ist Ihr Lebensmärchen in seiner Substanz fertig, nun kommt der Feinschliff und das heißt, diese locker formulierten Sätze immer weiter sprachlich zu verdichten und zu einem Handlungsverlauf zu bringen, der nicht logisch sein muss, aber auf seine eigene Art überzeugend. Sie muss er überzeugen, nur Sie, niemanden sonst. Denken Sie bei der Arbeit nur ja nicht daran, dass ein präsentierbares Märchen dabei herauskommt / -kommen muss!

Auch diesen sprachlichen Prozess werden Sie gewiss mehrfach durchlaufen, vielleicht sogar mit großen Pausen dazwischen. Ein Text reift, wenn er liegt, wie ein Käse. Die Formulierungsarbeit, die Sie bereits geleistet haben, rumort und wirkt in Ihrem Bauch und Ihrem Herzen, auch wenn Ihr Hirn das nicht mitbekommt. Wenn Sie dann irgendwann aus irgendeinem Grund, wieder einmal Sehnsucht nach Ihrem Lebensmärchen haben, die Auslage nach Ihrer Notiz rekonstruieren und den Text lesen, wird die zwischenzeitlich unbewusst abgelaufene Verarbeitung wahrscheinlich neue Impulse für die Entfaltung zum Erzählmärchen geben.

Wenn Ihr Lebensmärchen soweit geschrieben ist, werden Sie vermutlich jedes Mal, wenn Sie Ihren Text lesen, hier und da noch Kleinigkeit entdecken, die Sie ändern wollen. Wenn Ihr Märchen soweit endgültig vorläufig fertig ist, können Sie es mit anderen teilen, im vertrauten Kreis oder mit der Öffentlichkeit. Beim Vorlesen erschließen sich oft noch ganz neue Aspekte.

### Ausschreibung

Wenn Sie mögen, schicken Sie uns Ihr ausformuliertes Lebensmärchen. Wir sammeln die Einsendungen und bringen sie womöglich als Buch heraus. Senden Sie uns Ihren Beitrag als offene Text-Datei im Format DOC, RTF oder TXT als Mail-Anhang. Nennen Sie im Kopf Ihres Textbeitrags Ihre volle Postanschrift mit Rufnummer und Mail-Adresse, damit wir Sie kontaktieren können, wenn Ihr Beitrag für eine Veröffentlichung vorgesehen ist.

### Besondere Regeln für einzelne Karten

**(2)** *Prinz und* **(1)** *Prinzessin*

Liegen Prinz oder Prinzessin im Hof *Des Kindes,* wirken sie prägend auf das Thema Ihres Märchens. Sind Sie eine Frau und die *Prinzessin* liegt in Ihrem Hof, dann geht es um Sie selbst; liegt der *Prinz* in Ihrem Hof, geht es um Ihren Prinzen – was auch Ihr Animus sein kann, also die unerfüllte Hälfte Ihrer eigenen Seele (Mann: umgekehrt).

Liegen *Prinz* und *Prinzessin* gemeinsam in einem Hof, ist das Thema der betreffenden

Figur entweder die alchimische Hochzeit, der Hermaphrodit, das Verschmelzen der Gegensätze zu höchster Einheit – oder im Gegenteil die Spaltung, die Schizophrenie, der Januskopf; doch nichts dazwischen.

Liegen *Prinz* oder *Prinzessin* auf Ihrem Weg, symbolisieren sie den genannten Personenkreis, aber immer in der Rolle des Anderen, der Ihnen begegnet und feindlich oder freundlich gesonnen sein kann. Sind Sie eine Frau und die *Prinzessin* liegt auf Ihrem Weg, so kann das zum Beispiel eine Freundin oder eine Nebenbuhlerin sein; treffen Sie auf den *Prinzen,* ein Beschützer oder ein Heiratsschwindler etc.

**(3)** *Der Alte*
Wenn Sie auf Ihrer Suchwanderung diese Karte aufdecken, ist das auf jeden Fall ein zentrales Ereignis. Liegt *Der Alte* im Hof einer Figur, weist er auf einen besonders starken Einfluss hin, der von einer oder mehreren Hofkarten ausgeht.

**(4)** *König un***d** **(5)** *Königin*
Liegen *König* oder *Königin* im Hof *Des Kindes* deutet das auf einen entsprechend starken Einfluss hin. Treffen Sie auf Ihrer Suchwanderung auf diese Karten, ist das immer Hinweis auf einen entsprechenden Widerstand, an dem Sie nur schwer vorbeikommen.

**(6)** *Hexe*
Wenn die *Hexe* während der Suchwanderung aufgedeckt wird und im Hof *Des Kindes* die *Königin* liegt, dann tauschen beide Karten die Plätze. Die *Königin* auf dem Platz der *Hexe* wird dann nicht als Figur betrachtet, die eine Etappe der Suchwanderung beendet. Wenn die *Königin* nicht im Hof *Des Kindes* liegt, Sie aber trotzdem das Gefühl haben, die *Hexe* gehöre in den Hof, dann tauschen Sie sie gegen eine beliebige Karte. Wenn die *Hexe* auf ihrem Platz bleibt, dann endet die Etappe bei ihr und sie stellt eine unlösbare Aufgabe, ansonsten geht der Weg weiter.

**(7)** *Zauberer*
Der *Zauberer* ist ein mächtiger Gegenspieler, der mit geistigen Waffen besiegt werden muss. Er kann sich selbst und jeden anderen in alles verwandeln und überall hinversetzen. Genauso kann er alles Beliebige herbeiholen. Nur eines kann er nicht, Sie zu etwas zwingen, wenn Sie es nicht wollen.

Liegt der *Zauberer* im Hof *Des Kindes* oder einer anderen Figur, dann ist er Zeichen eines dominierenden Egos, das alle anderen Karten im Hof entsprechend beeinflusst.

Entdecken Sie den *Zauberer* auf Ihrer Suchwanderung, können Sie wählen, ob er Ihnen eine unlösbare Aufgabe stellen soll oder ob Sie weitergehen, wobei Sie dann die Richtung neu wählen können. Die unlösbare Aufgabe kann sein, dass der *Zauberer Das Kind* verzaubert. Es nimmt dann die Gestalt einer Karte aus dem Hof des *Zauberers* an. Wählen Sie die Karte für die Verzauberung spontan aus. Die Lösung dieser Aufgabe besteht natürlich in der Rückverwandlung *Des Kindes.*

**(8)** *Tierbräutigam*
Liegt der *Tierbräutigam* im Hof *Des Kindes* oder einer anderen Hauptfigur, deutet er auf unfreie Liebe hin, nicht nur zwischen *Prinz* und *Prinzessin*, sondern auch zwischen *König* und *Königin* oder *König* und *Prinzessin* etc.

Decken Sie auf der Suchwanderung den *Tierbräutigam* auf, können Sie zwischen zwei Möglichkeiten wählen: Entweder markiert er selbst das Ende einer Etappe und stellt eine unlösbare Aufgabe, dann ist er Partner in einer unfreien Liebe/Beziehung (Mann, Vater, Bruder, Onkel etc.); oder er verweist darauf, dass die nächste Figur, auf die Sie treffen und die dann die Etappe beendet, Partner in einer unfreien Beziehung ist. In dem Fall führt Ihr Weg über den *Tierbräutigam* hinaus ganz normal weiter.

**(9)** *Eisprinzessin*
Liegt die *Eisprinzessin* im Hof *Des Kindes* oder einer anderen Hauptfigur, deutet sie auf unerfüllte Liebe hin, nicht nur zwischen *Prinzessin* und *Prinz*, sondern auch zwischen *Königin* und *König*, *Königin* und *Prinz* etc.
Decken Sie auf der Suchwanderung die *Eisprinzessin* auf, können Sie zwischen zwei Möglichkeiten wählen: Entweder markiert sie selbst das Ende einer Etappe und stellt eine unlösbare Aufgabe, dann ist sie Partnerin in einer unerfüllten Liebe/Beziehung (Frau, Mutter, Schwester, Tante etc.); oder sie ver-

weist darauf, dass die nächste Figur, auf die Sie treffen und die dann die Etappe beendet, Partner in einer unerfüllten Beziehung ist. In dem Fall führt Ihr Weg über die *Eisprinzessin* hinaus ganz normal weiter.

**(18)** *Der Schatten*
Treffen Sie auf Ihrer Suchwanderung auf *Den Schatten*, dann bannt er *Das Kind*. Die Karte, die auf 1D (Grundposition *Des Schattens*) liegt, ist Symbol für den Bann. Die unlösbare Aufgabe, die er stellt, besteht darin, den Bann zu brechen. Die Suchwanderung wird danach auf 1D fortgesetzt.

**(19)** *Reh*
Wenn das *Reh* aufgedeckt wird, führt der Weg rechtwinklig zur bisherigen Richtung weiter. Ob Sie nach rechts oder links abbiegen, hängt von den Regeln zur Auswahl der Richtung (verdeckte Hauptfigur, längere Strecke) ab.

**(20)** *Adler*
Decken Sie auf der Suchwanderung den *Adler* auf, trägt er *Das Kind* in seinen Horst (auf seine Grundposition 7G). Dort gibt es große Schätze und Geheimnisse zu entdecken (d. i. die Karte, die Sie dort aufdecken). Die unlösbare Aufgabe besteht darin, aus dem Horst zu entkommen.

**(49)** *Der Apfelbaum*
Wird *Das Kind* als erste Karte (Notlage) aufgedeckt, übernimmt *Der Apfelbaum* seine Rolle. Begegnet *Das Kind* auf seiner Suchwanderung *Dem Apfelbaum*, ist das immer eine Begegnung mit seinem Selbst. Ähnlich ist es, wenn *Der Apfelbaum* im Hof *Des Kindes* liegt.

| | A | B | C | D | E | F | G |
|---|---|---|---|---|---|---|---|
| 7 | | | | | | | |
| 6 | | | | | | | |
| 5 | | | | | | | |
| 4 | | | | param | | | |
| 3 | | | | | | | |
| 2 | | | | | | | |
| 1 | | | | | | | |

| | A | B | C | D | E | F | G |
|---|---|---|---|---|---|---|---|
| 7 | | | | | | | |
| 6 | | | | | | | |
| 5 | | | | | | | |
| 4 | | | | param | | | |
| 3 | | | | | | | |
| 2 | | | | | | | |
| 1 | | | | | | | |

Rechtlicher Hinweis: Der Eigentümer dieses Buchs darf zum persönlichen Gebrauch, nicht zur Weitergabe, in angemessener Menge Kopien von den hier abgebildeten Karten anfertigen. param

param
© 2014 param
Jäger

11
param
© 2014 param
Sterntaler

12
param
© 2014 param
Rotkäppchen

param
Rumpelstilzchen

14
param
7 Zwerge

15
param
© 2014 param
Fee

16
param
© 2014 param
Gold/Pech-Marie

param
© 2014 param
Riesen

18
param
Der Schatten

param
© 2014 param
Reh

Rechtlicher Hinweis: Der Eigentümer dieses Buchs darf zum persönlichen Gebrauch, nicht zur Weitergabe, in angemessener Menge Kopien von den hier abgebildeten Karten anfertigen. param.

param.
Perlmutt-Butt

param.
7 Raben

param.
Pilze

param.
Buch

param.
Zauberstab

35
param.
Gürtel

param.
Turm

param.
Schlüssel

param.
7-Meilen-Stiefel

param.
Schatztruhe

Rechtlicher Hinweis: Der Eigentümer dieses Buchs darf zum persönlichen Gebrauch, nicht zur Weitergabe, in angemessener Menge Kopien von den hier abgebildeten Karten anfertigen. param.